Ativismo Judicial à moda brasileira

PÂMELA FARIA

Copyright © 2024 Pâmela Victória Ferreira Faria

Todos os direitos reservados.

ISBN:97983221499016

DEDICATÓRIA

A vó Geralda por ser meu maior exemplo de resiliência, fé e persistência. Obrigada por sempre se reinventar e lutar sempre pela vida, "porque a senhora é como alumínio, amassa, mas não quebra". Dedico esse trabalho com todo amor que tenho pela senhora vó G.

CONTEÚDO

	Agradecimentos	i
1	Introdução	página 07
2	O ativismo judicial	página 11
3	Os julgamentos dos HCs 126.292 e 152.752 e o ativismo brasileiro	página 37
4	O julgamento dos Res 878.694 e 646.721 e a autocontenção	página 90
5	Os desafios de compatibilizer a atuação do juiz com a constituição Federal, o/CPC e o CPP	página 116
6	Conclusão	página 150
7	Referências	página 154

AGRADECIMENTOS

A Deus por me manter na caminhada.
Aos meus pais pelo apoio incondiconal .
Aos meus irmãos pela parceria e torcida. Em especial a Duda pelos debates e toda ajuda.
A minha família que sempre torcem por mim, em especial vó Jane, tia Na e tio Eucrésio.
Aos meus amigos queridos.
Ao meu queirodo orientador na EMERJ, professor Alexandre Câmara, pelos gentis debates e conhecimento compartilhado.

INTRODUÇÃO

O termo ativismo judicial foi mencionado pela primeira vez em 1947, pelo jornalista norte americano Arthur Schlesinger, numa reportagem sobre a Suprema Corte dos Estados Unidos que naquela ocasião o definiu como sendo "uma decisão emitida por um juiz que negligencia precedentes legais ou interpretações constitucionais passadas, a fim de apoiar uma visão política". Contudo, tal definição não é pacifica e mesmo tendo se passado décadas após o primeiro uso do termo há ainda doutrinadores que se debruçam sobre o tema com o esforço de o definir e de detectar a sua incidência nas decisões judiciais.

De lá para cá, tal termo foi ganhando relevância, principalmente após a noção de que as Supremas Cortes deveriam fazer a guarda da Constituição.

No Brasil com a promulgação da Constituição Federal em 1988, o Supremo Tribunal Federal foi alçado ao papel de guardião da Constituição e ficou imbuído de dar interpretação aos diversos diplomas legais previstos no ordenamento brasileiro conforme a Constituição.

Com as constantes demandas sensíveis que foram encaminhadas ao Supremo, bem como com as inovações tecnológicas que possibilitaram uma maior visibilidade do Supremo para as diversas camadas sociais, fazendo com que suas decisões não ficassem restritas só ao campo jurídico, tem ganhado relevo um movimento popular que tende a questionar as decisões da Suprema Corte brasileira, que por possuir caráter contramajoritário muitas vezes profere decisões que vão de encontro com os anseios da massa popular.

Ademais, critica-se a postura ativista que a Corte tem tomado em certas decisões nas quais se comporta como legislador.

A crise de legitimidade, representatividade e funcionalidade dos parlamentares gerou, como consequência, um fortalecimento do Poder Judiciário. Tal fenômeno pode ser observado em diversas partes do mundo. No Brasil tem se verificado uma expansão do STF, notadamente pelo aumento de sua popularidade em todos os campos da sociedade brasileira, não se restringindo mais apenas ao campo jurídico.

A controvérsia cinge-se em analisar duas decisões do Supremo Tribunal Federal e identificar uma decisão ativista e outra não. Uma vez que não houve uma expressa recomposição do Tribunal que justificasse mudança substancial na técnica de julgamento dos ministros.

O primeiro capítulo buscará definir o que é ativismo judicial e delimitar seu conceito, com o escopo de identificar uma decisão ativista e uma decisão que não seja ativista. Para tanto será feito um comparativo entre o ativismo judicial norte-americano e o ativismo judicial brasileiro, passando pelas diferentes definições do termo, posições favoráveis e as críticas ao ativismo. Para ao final conseguir uma conceituação do termo que será empregada ao longo do trabalho.

No segundo capítulo, serão analisadas as decisões do STF proferidas nos *HC*s n°126292 e n° 152.752 e será feita uma análise com um viés específico do tema que é prisão em segunda instância para se chegar à conclusão de que houve a ocorrência de ativismo judicial. Aludida análise será essencial para definir quando há o ativismo judicial no Supremo e qual seu marco caracterizador.

No terceiro capítulo, serão examinadas as decisões do STF proferidas nos Res n° 878.694 e n° 646.721 e será feita uma análise com um viés específico do tema que é equiparação do companheiro ao cônjuge para fins sucessórios para se chegar à conclusão que não houve a ocorrência de ativismo judicial, posto que as decisões foram balizadas conforme o ordenamento jurídico brasileiro. Essas decisões serão confrontadas com as decisões analisadas no segundo capítulo com a finalidade de se observar os parâmetros decisórios do STF.

No capítulo final, se identificará quais são as consequências oriundas das decisões ativistas e como a Constituição Federal, o Código de Processo Civil e o Código de Processo Penal estão inseridos na dinâmica do ativismo, vez que esses diplomas legais regem os processos no ordenamento brasileiro e disciplinam a atuação do Poder Judiciário.

Ativismo à moda brasileira, uma vez que conforme se observará ao longo do presente livro, o sistema Judiciário brasileiro, em especial o STF tem características específicas para justificar o ativismo e julgar de forma ativista.

Capítulo 1- O ATIVISMO JUDICIAL

O termo ativismo judicial, mesmo após ter tido sua primeira menção em 1947, e, com isso, passadas mais de sete décadas de sua primeira menção, ainda é fruto de diversos estudos e questionamentos acerca de sua definição e aplicação. Dessa forma, busca-se apresentar as diferentes definições dada ao termo e as diferentes conclusões sobre sua aplicação feitas por renomados juristas. Analisar-se-á os conceitos trazidos por esses autores à luz da teoria do direito formulada por Ronald Dworkin, precisamente a teoria dworkiniana do direito como integridade.

Para Dworkin "o direito nada mais é que aquilo que as instituições, como as legislaturas, as câmaras municipais e os tribunais decidiram no passado", dessa forma, as questões relativas ao direito podem ser respondidas com base na análise dos arquivos de registro das decisões institucionais[1]. Dworkin sustenta que há dois princípios de integridade política, um legislativo, que pede aos legisladores que tentem tornar moralmente coerente o conjunto de leis, e um jurisdicional que demanda que a lei seja vista como coerente nesse sentido[2].

---

[1] DWORKIN, Ronald. *O império do direito.* 3. ed. São Paulo: Martins Fontes, 2014. p. 10.
[2] Ibid. p. 213.

Dworkin apresenta o caso McLoughlin, uma mulher inglesa que, ao ser avisada no hospital da morte de sua filha num acidente automobilístico que vitimou seu marido e seus outros filhos entra em colapso no hospital, por esse motivo, ela pleiteia em juízo indenização por danos morais, havia precedentes de que o parente que havia presenciado *in loco* o acidente e entrado em colapso deveria ser indenizado por danos morais, dessa forma, Dworkin sustenta "que um juiz que esteja decidindo o caso McLoughlin poderia considerar injusta a exigência por quaisquer danos morais, mas se ele aceita a integridade, e sabe que a algumas vítimas já foi concedido indenização por danos morais, terá uma razão para se pronunciar favoravelmente ao caso"[3]. Dworkin defende que às vezes justiça e equidade entram em conflito e que se considerarmos a integridade como terceiro e independente ideal, a justiça e a equidade podem ser sacrificadas em função da integridade.

    Dworkin aduz que as afirmações jurídicas são opiniões interpretativas, combinando elementos que se voltam tanto para o passado, quanto para o futuro[4]. O princípio judiciário de integridade instrui os juízes a identificar deveres legais e direitos a partir do pressuposto de que foram criados por um único autor, expressando uma concepção coerente de justiça e equidade.

---

[3] DWORKIN, Ronald. *O império do direito*. 3. ed. São Paulo: Martins Fontes, 2014. p. 214.
[4] Ibid. p. 271

Direito como integridade pressupõe as proposições jurídicas como verdadeiras se derivam dos princípios de equidade, justiça e devido processo legal que oferecem melhor interpretação construtiva da prática jurídica da comunidade[5].

Dworkin compara a cadeia do direito com um projeto em que um grupo de romancistas escreve um romance em série, cada um deve criar o seu capítulo a modo de criar da melhor maneira possível um romance em elaboração, a complexidade dessa tarefa reproduz a complexidade de decidir um caso concreto de direito como integridade[6]. Dworkin apresenta o que o direito como integridade espera dos juízes:

> o direito como integridade pede que os juízes admitam na medida do possível, que o direito é um conjunto coerente de princípios sobre a justiça, a equidade e o devido processo legal adjetivo, e pede-lhes que os apliquem nos novos casos que se lhes apresentem, de tal modo que a situação de cada pessoa seja justa e equitativa segundo as mesmas normas.[7]

---

[5] DWORKIN, Ronald. *O império do direito*. 3. ed. São Paulo: Martins Fontes, 2014. p. 272.
[6] Ibid. p. 276.
[7] DWORKIN, Ronald. *O império do direito*. 3. ed. São Paulo: Martins Fontes, 2014. p.291.

Definido o que é direito como integridade esse será o marco teórico da presente pesquisa. Bem como será analisado o ativismo judicial no Brasil e seus pontos de interseção e distância com o ativismo judicial americano.

1.1 A dificuldade em definir o conceito de ativismo judicial e delimitar sua aplicação

A primeira incidência do termo ativismo judicial se deu em 1947 nos Estados Unidos e tal termo não foi utilizado por um jurista, mas por um jornalista chamado Arthur Schlesinger, numa reportagem sobre a Suprema Corte dos Estados Unidos que, naquela ocasião, o definiu como sendo "uma decisão emitida por um juiz que negligencia precedentes legais ou interpretações constitucionais passadas, a fim de apoiar uma visão política"[8].

Desde então diversos estudiosos começaram a se debruçar sobre o tema para definir não só a etimologia da palavra ativismo, mas também seus contornos, delimitações, efeitos e consequências.

O ativismo judicial chegou a ser definido por Thomas W. Merril como "uma parte do extenso mercado em que o produto chamado mudança do direito é comprado e vendido[9]". É interessante salientar que no artigo *Does public choice theory justify judicial activism after all?*

---
[8] SCHLESINGER apud SPITZER, Elianna. *What Is Judicial Activism? Definition and Examples*. Disponível em: <https://www.thoughtco.com/judicial-activism-definition-examples-4172436>. Acesso em: 20 mar 2019.
[9] MERRILL, Thomas W. *Does public choice theory justify judicial activism after all?* Harvard Journal of Law and Public Policy; Fall 1997; 21, 1; ProQuest Central p.

O autor enxerga no ativismo uma maneira de certos grupos que não detêm o poder de influenciar na cena política e, dessa forma, não conseguem a mudança do direito pela via legislativa, um meio de mudança no direito, já que a via judiciária é mais barata que a via legislativa, uma vez que os financiamentos de campanhas são cada vez mais vultosos e, dessa forma, determinados grupos não conseguem eleger seus representantes para o congresso.

Para o autor[10] "o ativismo judicial, portanto, acrescenta tempero ao sistema político: questões como a oração nas escolas públicas e o casamento gay tornam-se objetos potenciais de mudança legal, enquanto, do contrário, seriam ignoradas".

O autor conclui que "eliminar o ativismo seria eliminar esses debates."[11] Frank H. Easterbrook observa que ativismo é um notório termo escorregadio de difícil definição, ele o definiu como "um termo vazio, uma máscara para uma posição substantiva em que ativismo permanece, no entanto, como um termo vergonhoso[12]".

---

219. Tradução livre do Inglês para o Português feita por Pâmela Victória Ferreira Faria.
[10] Ibid.
[11] MERRILL, op. cit., nota 9. Tradução livre do Inglês para o Português feita por Pâmela Victória Ferreira Faria.
[12] COLORADO. EASTERBROOK, Frank H. *Do liberals and conservatives differ in judicial activism?* University of Colorado Law Review. Disponível em:
<https://chicagounbound.uchicago.edu/cgi/viewcontent.cgi?referer=https://www.google.com/&httpsredir=1&article=2135&context=journal_articles>.
Acesso em: 20 fev 2019. Tradução livre do Inglês para o Português feita por Pâmela Victória Ferreira Faria.

O autor prossegue na definição acrescentando que ativismo "apenas significa juízes se comportando mal[13].

Para Cass R. Sustein os Tribunais do *Common Law* usavam o direito dos delitos, dos contratos e da propriedade para regular a economia, segundo ele, esse sistema dos séculos XVIII e XIX foi um período de genuíno ativismo judicial[14].

O autor faz uma análise de como o Direito Administrativo foi sendo delegado para as agências federais, analisa diversos aspectos que comprovam essa delegação e define o ativismo judicial no Direito Administrativo da seguinte maneira:

> O ativismo judicial no Direito Administrativo aparece assim em dois contextos diferentes. Alguns tribunais, notadamente o Tribunal de Apelações do Quinto Circuito dos Estados Unidos, têm utilizado a abordagem rígida para garantir que os controles regulatórios sejam bem fundamentados nos fatos e na política estatutária.
>
> Assim aplicada, a doutrina rígida[15] serve como

---

[13] Ibid. Tradução livre do Inglês para o Português feita por Pâmela Victória Ferreira Faria.
[14] SUNSTEIN, Cass R. "*A In Defense of the Hard Look:* Judicial Activism and Administrative Law," 7 Harvard Journal of Law and Public Policy 51 (1984). Disponível em: <https://chicagounbound.uchicago.edu/cgi/viewcontent.cgi?article=12174&context=journal_articles >. Acesso em: 20 fev 2109. Tradução livre do Inglês para o Português feita por Pâmela Victória Ferreira Faria.
[15] Doutrina rígida do original *The hard look doctrine* é um princípio do Direito Administrativo que diz que um tribunal deve revisar cuidadosamente uma decisão da agência administrativa para garantir que as agências tenham genuinamente engajado na tomada de decisões fundamentadas.

um meio de promover a ordenança privada - e, nesse sentido, questões institucionais à parte, deve ser conveniente àqueles dispostos a uma sociedade descentraliada.

A este respeito, a doutrina rígida encaixa-se bem com a função tradicional dos tribunais de revisão, que era a proteção da autonomia privada.[16]

O autor[17] observa que o termo ativismo judicial pode ser usado no Direito Administrativo e que apontou várias considerações tencionando a sugerir que "uma mão judicial razoavelmente firme pode ser uma parte legítima do esquema constitucional".

Por fim, ele coloca o ativismo judicial no Direito Administrativo como uma forma não só de proteger interesses privados, mas como um esforço para promover a identificação e implementação dos valores em jogo na regulamentação que possam ser ameaçados por interesses privados paroquiais que estariam autorizados a usar o Poder governamental para interesse próprio de distribuição de riqueza ou poder.

US LEGAL. *Hard look doctrine Law and legal definition.* Disponível em: <https://definitions.uslegal.com/h/hard-look-doctrine/>. Acesso em: 31 mar 2019. Tradução livre do Inglês para o Português feita por Pâmela Victória Ferreira Faria.
[16] SUNSTEIN, op. cit., nota 14.
[17] Ibid.

Conclui, portanto, que o ativismo judicial "não deve ser entendido como uma usurpação dos Poderes do Congresso, mas como um meio para os tribunais recuperarem uma parte de sua autoridade constitucional original e no processo de promover alguns objetivos originais do esquema de separação de Poderes."[18]

Keenan D. Kmiec[19] observa que a ideia de ativismo judicial tem sido muito mais longa do que o termo empregado. "Antes do século XX os juristas questionavam o conceito de legislação judicial, ou seja, juízes fazendo direito positivo".

Destaca que ironicamente quanto mais se fazem referência ao termo ativismo judicial, mais obscuro se torna seu significado, segundo ele, isso ocorre porque o termo ativismo judicial é definido de várias maneiras diferentes e até mesmo contraditórias[20]. Assevera que desde o início, não havia uma definição única e aceita de ativismo.

"O termo sempre incorporou uma variedade de conceitos, e, é imperativo que os falantes expliquem qual o significado que eles procuram empregar"[21]. Pondera que, "se um Tribunal invalida uma lei ninguém sugeriria que houve ativismo judicial"[22].

---

[18] SUNSTEIN, op. cit., nota 14. Tradução livre do Inglês para o Português feita por Pâmela Victória Ferreira Faria.
[19] KMIEC, Keenan D. *The Origin and Current Meanings of Judicial Activism*, 92 Calif. L. Rev. 1441 (2004). Tradução livre do Inglês para o Português feita por Pâmela Victória Ferreira Faria.
[20] Ibid. Tradução livre do Inglês para o Português feita por Pâmela Victória Ferreira Faria
[21] KMIEC, Keenan D. *The Origin and Current Meanings of Judicial Activism*, 92 Calif. L. Rev. 1441 (2004). Tradução livre do Inglês para o Português

Para o autor "ativismo judicial não pode ser meramente sinônimo de revisão judicial (*judicial review*)."[23]

Aduz que, mesmo os juristas e os juízes conhecendo esse problema de indefinição acerca do termo, eles continuam usando-o sem o defini-lo e, dessa forma, as pessoas continuam usando uma mesma linguagem para transmitir concepções muito distintas.[24]

Destaca que a primeira aparição do termo ativismo judicial a atrair a atenção substancial do público, ocorreu em uma revista popular, em um artigo destinado a uma audiência geral escrita por um não-advogado. Arthur Schlesinger Jr. introduziu o termo "ativismo judicial" ao público em um artigo da revista Fortune em janeiro de 1947[25]. Segundo o autor o "perfil perspicaz e pensativo de Arthur Schlesinger usou o termo ativista para transmitir ideias fundamentais sobre direito, política e papel para um público generalista."[26]

O autor cita que muitas são as definições pejorativas ao termo ativismo, citando a já mencionada "juízes se comportando mal"[27]. Ele conclui seu trabalho com a seguinte observação:

---

feita por Pâmela Victória Ferreira Faria.
[22] Ibid.
[23] KMIEC, Keenan D. *The Origin and Current Meanings of Judicial Activism*, 92 Calif. L. Rev. 1441 (2004). Tradução livre do Inglês para o Português feita por Pâmela Victória Ferreira Faria.
[24] Ibid.
[25] KMIEC, Keenan D. *The Origin and Current Meanings of Judicial Activism*, 92 Calif. L. Rev. 1441 (2004) Tradução livre do Inglês para o Português feita por Pâmela Victória Ferreira Faria.
[26] Ibid.
[27] EASTERBROOK, op. cit., nota 14.

> Hoje, uma acusação isolada de ativismo judicial significa pouco ou nada, porque o termo adquiriu muitos significados distintos e até mesmo contraditórios.
>
> No entanto, quando explicado com cuidado, o termo pode ser um ponto de partida para um relevante diálogo sobre o ofício judicial, uma oportunidade de fazer as perguntas suplementares que vão além do superficial.[28]

Mark V. Tushnet pondera que os recentes desenvolvimentos[29] acerca da revisão judicial (*judicial review*[30]) levantam a possibilidade de que o debate da supremacia judicial *versus* a supremacia legislativa pode ser transformado numa discussão acerca de diferentes instituições implementarem a revisão judicial (*judicial review*), como modelo alternativo à proposta de revisão judicial (*judicial review*) para o combate da supremacia legislativa, visto que essas diferentes instituições podem acomodar tanto supremacia legislativa quanto a implementação judicial dos limites constitucionais.

---

[28] KMIEC, op. cit., nota 19.
[29] TUSHNET, Mark V. *New forms of judicial review and the persistence of rights- and democracy-based worries*. 38 Wake Forest L. Rev. 813-838 (2003). Disponível em: <https://scholarship.law.georgetown.edu/cgi/viewcontent.cgi?article=1259&context=facpub>. Acesso em: 20 fev 2019. O autor escreveu seu texto em 2003. Tradução livre do Inglês para o Português feita por Pâmela Victória Ferreira Faria.
[30] O caso *Mabury vs Madison* entrou para história como *leading case* do *judicial review* que pode ser conceituado como controle difuso das leis tendo a constituição como parâmetro para esse controle.

Após analisar os desenvolvimentos institucionais do Canadá, Grã-Bretanha e África do Sul, o autor pergunta em seu artigo se essas acomodações que tendem a seguir um curso intermediário têm características instáveis que irá a longo prazo levar o sistema constitucional de volta ao enfraquecimento da supremacia jurídica ou legislativa.[31]

O autor pondera que é possível ver a estrutura do debate entre o ativismo judicial e contenção judicial, retornando ao contraste entre supremacia parlamentar e constrangimento do parlamentarismo.

Os debates interpretativos que o parlamentarismo limitado proporciona ocorrem tanto nos Tribunais quanto nos fóruns legislativos e que a característica do parlamentarismo limitado moldou as discussões dos EUA de contenção judicial e ativismo.

O autor traz análise entre o ativismo judicial, a contenção e a revisão judicial (*judicial review*), conforme transcrição abaixo:

> a análise de Roach[32] começa com a observação

---

[31] TUSHNET, Mark V. *New forms of judicial review and the persistence of rights- and democracy-based worries.* 38 Wake Forest L. Rev. 813-838 (2003). Disponível em: <https://scholarship.law.georgetown.edu/cgi/viewcontent.cgi?article=1259&context=facpub>. Acesso em: 20 fev 2019.

[32] TUSHNET, Mark V. *New forms of judicial review and the persistence of rights- and democracy-based worries.* 38 Wake Forest L. Rev. 813-838 (2003). p. 817. Disponível em: <https://scholarship.law.georgetown.edu/cgi/viewcontent

de que o debate entre ativismo judicial e autocontenção judicial é baseado na suposição de que os Tribunais exercem uma revisão judicial forte, na qual os julgamentos interpretativos dos Tribunais são definitivos e irrevisíveis.

A moderna articulação da revisão judicial forte é fornecida em Cooper vs Aaron, quando o Supremo Tribunal dos EUA descreveu os tribunais federais como "supremos na exposição do direito constitucional" e inferiu, a partir disso, um dever das legislaturas de seguir interpretações do Tribunal. A ideia básica é que as primeiras experiências de um sistema constitucional com a revisão judicial podem definir a cultura constitucional em um caminho distinto.[33]

O autor conclui seu trabalho afirmando que com o desaparecimento da supremacia parlamentar como um sistema, constitucionalistas estão dispostos a defenderem fortemente que revisão judicial (*judicial review*) de forma fraca[34] fornece aos elaboradores da Constituição uma nova escolha dentro do universo do parlamentarismo restrito.

.cgi?article=1259&context=facpub>. Acesso em: 20 fev 2019. Tradução livre do Inglês para o Português feita por Pâmela Victória Ferreira Faria.
[33] TUSHNET, op. cit., nota 31. Tradução livre do Inglês para o Português feita por Pâmela Victória Ferreira Faria.
[34] O autor estabelece que uma revisão judicial de forma forte seria aquela decisão definitiva e imutável que se perduraria no tempo e só seria suscetível de mudança se houvesse mudança na lei ou uma profunda mudança na sociedade sobre a concepção daquele fato, por outro lado uma revisão judicial de forma fraca seria aquela em que é possível a mutação da decisão, é possível a sua revisão e, dessa forma, ela não teria a força da imutabilidade que a revisão judicial de forma forte possui . TUSHNET, Mark V. *New forms of judicial review and the persistence of rights- and democracy-based worries*. 38 Wake Forest L. Rev. 813-838 (2003). p. 817. Disponível

O autor sustenta que sistemas de revisão judicial (*judicial review*) de forma fraca podem não dar uma resolução permanente à preocupação de que o parlamentarismo irrestrito não esteja suficientemente atento aos direitos humanos, ou a preocupação de que sistemas fortes de revisão judicial (*judicial review*) estejam em tensão com os valores da auto governança democrática.

Ainda assim, pensando em sistemas de forma fraca é certamente mais interessante do que reproduzir a discussão do ativismo judicial e contenção no contexto de novas instituições.

Talvez sistemas de forma fraca de revisão judicial (*judicial review*) possam fornecer maior proveito em termos de interesse acadêmico do que contribuírem para resolução de problemas práticos de governança.[35]

Apesar de a revisão judicial (*judicial review*) não ser ativismo judicial, optou-se por trazê-lo a esse trabalho porque há uma similitude entre esses dois institutos, visto que em ambos os institutos há um suposto antagonismo entre a atividade judicial e a atividade legislativa no que tange às mudanças do direito.

---

em:<https://scholarship.law.georgetown.edu/cgi/viewcontent.cgi?article=1259&context=facpub>. Acesso em: 20 fev. 2019. Tradução livre do Inglês para o Português feita por Pâmela Victória Ferreira Faria.
[35] Ibid.

Como bem explorado por Keenan D. Kmiec[36] há muitas distinções entre o termo ativismo judicial, e mesmo juristas e juízes cientes da ausência de conceituação do termo, continuam usando-o indistintamente sem se preocuparem com a definição de seu conceito e sua aplicação. Em decorrência dessas distinções ora o termo é usado de forma positiva, ora usado de forma negativa.

Dessa forma, é complicado chegar a uma definição de ativismo judicial e seu real uso quando o termo vem desacompanhado de uma conceituação, visto que há várias incidências do termo, mas com usos e aplicações completamente distintas uma das outras conforme se observa ao longo desse tópico.

Porém, um conceito de ativismo trazido pelos juristas citados é que ativismo judicial seria a atuação do Judiciário como legislador positivo, dessa forma, o juiz de acordo com o caso concreto daria uma solução para ele, criaria uma regra para aplicar ao caso, inovando no ordenamento jurídico, o que confronta com a teoria do direito como integridade de Dworkin, já que para o autor o juiz deverá buscar a mesma solução para os casos concretos no ordenamento jurídico sem inovações ou criações do direito, desse modo, o juiz deve seguir os parâmetros existentes nos casos concretos[37].

---

[36] KMIEC, op. cit., nota 19
[37] DWORKIN, Ronald. *Levando os direitos a sério*. 2. ed. São Paulo: Martins Fontes, 2007.

Para Dworkin a solução de um caso concreto se dá pela análise dos princípios da comunidade aonde o caso concreto está em debate, e pela diferenciação dos princípios das regras[38].

Nesse sentido Dworkin pondera que:

> Se duas regras entram em conflito, uma delas não pode ser válida e qual deve ser abandonada ou reformulada, deve ser tomada recorrendo a considerações que estão além da própria regra. Um sistema jurídico que regula estes conflitos através de outras regras, que dão precedência à regra promulgada pela autoridade de grau superior, à regra promulgada mais recentemente, à regra mais específica ou outra coisa desse gênero.[39]

Pode-se dizer que há sempre parâmetros e regras gerais existentes no ordenamento que são capazes de solucionar qualquer caso concreto, mesmo que seja um fato novo no ordenamento, haverá sempre uma solução de acordo com os parâmetros já existentes, um "parâmetro fundamental", sendo assim, o ativismo judicial é completamente sem serventia para as decisões judicias, uma vez que, ao inovar no ordenamento jurídico, o juiz poderá infringir normas e parâmetros morais já estabelecidos naquele ordenamento e afrontar a equidade.

Uma vez que o ativismo pode ser entendido como a

---

[38] Ibid.
[39] DWORKIN, Ronald. *Levando os direitos a sério*. 2 ed. São Paulo: Martins Fontes, 2007. p.43.

criação de novas normas para a solução do caso e de acordo com Dworkin todos os casos têm solução no ordenamento de acordo com os princípios gerais e os parâmetros decisórios que irão estabelecer a regra aplicável ao caso concreto[40].

Negar que o juiz crie novas normas por meio de ativismo judicial não significa que o ordenamento estará engessado e imune à mudanças, mas as mudanças das regras se darão com base nos parâmetros estabelecidos, o juiz para aplicar o novo parâmetro deve considerar favorecer algum princípio, dessa maneira, o princípio justifica a mudança, não é qualquer princípio, porém, que justifica a mudança, pois caso contrário nenhuma regra estaria a salvo, dessa forma, no ordenamento haverá princípios mais importantes que outros.

Há também a possibilidade de o juiz, ao modificar uma doutrina existente, levar em conta alguns parâmetros importantes que se oponham à doutrina existente, tais parâmetros são em sua maioria princípios.

A doutrina da "supremacia do Poder Legislativo, um conjunto de princípios que exige que os Tribunais mostrem uma deferência limitada pelos atos do Poder Legislativo, bem como a doutrina do precedente, outro conjunto de princípios que reflete a equidade e a eficiência que derivam da consistência, estão inclusas nesse parâmetro de mudanças.[41]

---

[40] DWORKIN, Ronald. *Levando os direitos a sério*. 2 ed. São Paulo: Martins Fontes, 2007.
[41] Ibid.

Balizados os diferentes conceitos e as diferentes concepções acerca do ativismo judicial americano se procederá para uma análise do ativismo judicial brasileiro e suas distinções com o norte americano.

1.2 O ativismo judicial à moda brasileira

Thomas W. Merril[42] sustenta que "eliminar o ativismo seria eliminar o debate de temas afetos à minoria, sob o argumento de que os elevados custos com os financiamentos das campanhas legislativas impediriam que esses grupos minoritários elegessem seus representantes para efetuarem mudanças do direito pela via legislativa.

É de se observar que esse argumento não se aplica à realidade brasileira, uma vez que, apesar das campanhas poderem ser financiadas por financiamento privado, como nos EUA, há também o financiamento público com recursos advindos do fundo partidário e da propaganda do rádio e da televisão[43].

---

[42] MERRILL, op. cit., nota 9.
[43] FGV. *Financiamento de campanha eleitoral.* Disponível em:< https://direitosp.fgv.br/node/83322.>. Acesso em: 04 abr 2019.

Ademais, o Congresso está composto por diversos partidos identificados com as ideologias de centro, direita, extrema-direta, esquerda, centro-esquerda, e há nessa legislatura, iniciada em janeiro de 2019 e com duração até dezembro de 2022, representação de 30 partidos no Congresso Nacional[44].

Dessa forma, não há que falar em ausência de representação dos diversos grupos que compõem a sociedade brasileira e é plenamente possível que esses grupos consigam a mudança do direito pela via legislativa, visto que os processos legislativos passam por audiências públicas nas quais diversos segmentos da sociedade civil podem debater sobre as mudanças propostas, o que afasta a aplicação da tese do autor na realidade brasileira.

Cass R. Sustein defende como "genuíno ativismo" a intervenção da Suprema Corte nos contratos, no Direito Penal e na economia, para ele nos EUA as "agências federais usurparam o Poder do Judiciário"[45]. Tais argumentos não possuem aplicação prática na realidade brasileira, pois, no Brasil os Poderes foram divididos de maneira harmônica pela Constituição[46], logo não há que falar em usurpação de Poder.

---

[44] NOVO CONGRESSO EM NÚMEROS. Disponível em: <https://static.poder360.com.br/2018/10/Novo-Congresso- Nacional-em-Numeros-2019-2023.pdf>. Acesso em: 04 abr 2019.
[45] SUNSTEIN, op. cit., nota 14.
[46] BRASIL. *Constituição da República Federativa do Brasil*. Disponível em: < http://www.planalto.gov.br/ccivil_03/ Constituicao/Constituicao.htm>. Acesso em: 04 abr 2019. Art. 2º São Poderes da União, independentes e harmônicos entre si, o Legislativo, o Executivo e o Judiciário.

A CRFB/88[47] também disciplinou a matéria do Direito Administrativo[48], ramo em que o autor defende o uso do ativismo judicial[49].

Além disso, a ordem econômica também é regulada pela CRFB/88[50], a autonomia da vontade, matéria que rege os contratos, foi disciplinada com base nas regras estabelecidas pelo legislador, e ao Legislativo foi dada a função pela CRFB/88 de estabelecer as normas do Direito Penal[51].

Como demonstrado, no Brasil, não houve usurpação das funções do Direito Administrativo pelos demais Poderes, visto que a Constituição estabeleceu a divisão das diferentes matérias de forma harmônica, portanto, não há que falar em ativismo judicial no Brasil para recuperar as funções do Direito Administrativo, bem como para legitimar uma intervenção da Suprema Corte na economia, contratos- Direito Civil- ou direito criminal, posto que a Constituição também regulou essas matérias de forma que se figure um Estado Democrático de Direito com os poderes harmônicos entre si.

---

[47] Ibidem.
[48] Ibidem. Art. 37. A administração pública direta e indireta de qualquer dos Poderes da União, dos Estados, do Distrito Federal e dos Municípios obedecerá aos princípios de legalidade, impessoalidade, moralidade, publicidade e eficiência e, também, ao seguinte: (...)
[49] SUNSTEIN, op. cit., nota 14.
[50] BRASIL op. cit., nota 46. Art. 170. A ordem econômica, fundada na valorização do trabalho humano e na livre iniciativa, tem por fim assegurar a todos existência digna, conforme os ditames da justiça social, observados os seguintes princípios: (...).
[51] Ibidem. Art. 5º Todos são iguais perante a lei, sem distinção de qualquer natureza, garantindo-se aos brasileiros e aos estrangeiros residentes no País a inviolabilidade do direito à vida, à liberdade, à igualdade, à segurança e à propriedade, nos termos seguintes: XXXIX - não há crime sem lei anterior que o defina, nem pena sem prévia cominação legal;

No que tange ao argumento de que excluir o ativismo seria excluir o debate de temas afetos às minorias, esse também não merece prosperar, tendo em vista que a realidade política brasileira propicia a representatividade das minorias no Congresso Nacional e a própria Constituição em seu artigo 5º.

Bem como leis ordinárias, tais como, Lei Maria da Penha Lei nº 11.340/2006, Estatuto da pessoa com deficiência Lei nº 13.146/2015, Estatuto do idoso Lei nº 10.741/2003, que reservam e regulam o direito de certas minorias, além disso, não há suprimento do mandado de injunção e da ADPF, que são mecanismos para sanarem a omissão do legislador, chamados pela doutrina[52] de "diálogo constitucional ou diálogo institucional".

Sendo assim, há mecanismos para a provocação do Judiciário para que ele notifique o legislador a fim de regulamentar o direito de determinada minoria ou o próprio Judiciário identificar as regras com base nos princípios que fundamentam aqueles direitos, vez que conforme explica Dworkin[53], há sempre regras no ordenamento capazes de resolverem os casos concretos, por mais complexos que eles pareçam ser *prima facie,* sendo assim, o argumento que o fim do ativismo afastaria debates dos direitos das minorias não merece prosperar.

---

[52] BARROSO, Luís Roberto. VIEIRA, Oscar Vilhena e GLEZER, Rubens, organização. *A razão e o voto:* diálogos constitucionais com Luís Roberto Barroso. Rio de Janeiro: FGV, 2017, p. 66.
[53] DWORKIN, op. cit., nota 1.

Refutados os principais argumentos de juristas norte-americanos de defesa do instituto do ativismo judicial, cumpre agora explanar e aprofundar nos argumentos da doutrina brasileira que defendem o uso do ativismo judicial.

Um grande defensor e entusiasta do ativismo judicial é Luís Roberto Barroso, que além de respeitado acadêmico e doutrinador ocupa uma cadeira como Ministro do STF, dessa forma, é de suma importância as considerações de Barroso para ilustrar não só o ativismo judicial no Brasil, mas também como o Ministro Barroso atua para a configuração dessa posição mais ativista do Supremo observada nos últimos anos.

No texto "a razão sem voto: o Supremo Tribunal Federal e o governo da maioria",[54] Barroso defende que o Judiciário seria mais democrático que o Legislativo, visto que, segundo ele, os juízes que são recrutados na primeira instância advém de diferentes camadas sociais e passam por rigoroso concurso público para ingresso na carreira da magistratura.

Argumenta que tal fator trouxe um efeito democratizador no Judiciário e, que por outro lado, para se chegar ao acesso a uma vaga no Congresso, há um custo elevado, o que leva o candidato a se recorrer de financiamentos e parcerias econômicos e empresariais que acaba por produzir uma inevitável aliança com interesses particulares.

---
[54] BARROSO, op. cit., nota 51.

Além disso, defende que o Judiciário estaria mais propenso a decisões majoritárias que o próprio legislador, sob o argumento de que as minorias parlamentares podem obstruir o processamento da vontade da própria maioria parlamentar.

Barroso[55] defende que o STF possui duas funções, uma contramajoritária e uma representativa, a função contramajoritária seria a de garantir os direitos e garantias fundamentais das minorias, mesmo que para isso as decisões prolatadas pela Suprema Corte fossem de encontro aos anseios da maioria.

Já a função representativa de acordo com Barroso, é que a despeito de os juízes serem menos suscetíveis a tentações populistas, as Supremas Cortes podem se alinhar com as demandas da sociedade, para ilustrar tal fato, Barroso[56] cita a decisão do STF na ADC nº12[57], e a edição da Súmula Vinculante de nº 13[58], que chancelaram a proibição do nepotismo nos três Poderes. Para Barroso, esse é um exemplo "de um claro alinhamento com as demandas da sociedade em matéria de moralidade administrativa"[59].

---

[55] Ibid.
[56] BARROSO, Luís Roberto. VIEIRA, Oscar Vilhena e GLEZER, Rubens, organização. *A razão e o voto:* diálogos constitucionais com Luís Roberto Barroso. Rio de Janeiro: FGV, 2017.
[57] Ibid. p. 58.
[58] BARROSO, Luís Roberto. VIEIRA, Oscar Vilhena e GLEZER, Rubens, organização. *A razão e o voto:* diálogos constitucionais com Luís Roberto Barroso. Rio de Janeiro: FGV, 2017. p. 58.
[59] Ibid.

Barroso defende ainda que seria papel do Supremo a função de "vanguarda iluminista", ou seja, caberia ao STF "empurrar a história quando ela emperrasse".

Barroso defende que caso o Congresso não efetivasse determinadas normas indispensáveis para a Sociedade democrática, caberia ao Supremo estabelecer essas normas.

Em outras palavras Barroso defende um ativismo judicial, denominado por ele de "vanguarda iluminista", sob o argumento de que a sociedade não poderia aguardar a atuação do Legislativo acerca de determinados temas.

Como dito anteriormente, Barroso entende que o Judiciário é mais democrático que o Congresso e que isso legitimaria sua atuação como legislador positivo.

. Barroso argumenta que a solução para diversos problemas não se encontra pré-pronta no ordenamento jurídico, necessitando ser construída argumentativamente pelo juiz, a quem caberá formular juízos de valor e optar por alguma solução comportada pelo ordenamento jurídico. Segundo ele, é nos dias atuais que a interpretação jurídica reserva para o juiz um papel muito mais proativo, que inclui a atribuição de sentido a conceitos jurídicos indeterminados e princípios abstratos e a realização de ponderação.[60]

Ocorre que, pela teoria dworkiniana de direito como integridade sempre haverá uma regra para resolver aquele caso

---

[60] BARROSO, Luís Roberto. VIEIRA, Oscar Vilhena e GLEZER, Rubens, organização. *A razão e o voto:* diálogos constitucionais com Luís Roberto Barroso. Rio de Janeiro: FGV, 2017. p 41.

concreto, dessa forma, não haverá necessidade de optar por alguma solução não comportada pelo ordenamento, porque a solução estará no ordenamento, basta para isso que o juiz identifique os princípios e regras aplicáveis ao caso, sem a necessidade de um juízo de ponderação.

Já que para Dworkin no ordenamento haverá princípios mais importantes que outros no caso concreto e, dessa maneira, é que um princípio irá se sobrepor sobre o outro para a solução do caso concreto, pois a solução está na única resposta correta para aquele caso concreto.

Há também a possibilidade de o juiz ao modificar uma doutrina existente levar em conta alguns parâmetros importantes que se oponham a doutrina existente, tais parâmetros são em sua maioria princípios.

Para o autor, "as questões relativas ao direito sempre podem ser respondidas mediante o exame dos arquivos que guardam os registros das decisões institucionais[61]."

Ademais, Conrado Hubner Mendes argumenta que é urgente um Judiciário democrático, contudo para ele esse Judiciário democrático luta contra a "magistocracia"

---

[61] Ibid. p.10

Que em suas palavras é a "fração da magistratura que hegemoniza a cultura e arquitetura judiciais e exibe cinco vocações: é autoritária (pois viola direitos), autocrática (pois patrulha juízes ideologicamente), autárquica (pois se isenta de controle e prestação de contas), rentista (dispensa explicações) e dinástica (porque quer incluir a família no baile)."

Conrado Hubner Mendes aponta pesquisa do CNJ que traz o perfil da magistratura e de acordo com ele a "radiografia da magistratura não surpreende a magistratura é também predominantemente branca (80,3%), masculina (mulheres correspondem a 38%, desembargadoras a 23%) e oriunda de estratos sociais privilegiados (mais da metade tem pai ou mãe com diploma universitário)."[62]

Tais dados vão de encontro com o argumento de Barroso que o Judiciário seria mais democrático que o Legislativo.[63]

---

[62] MENDES, Conrado Hubner. *O baile da magistocracia*. Disponível em: <https://epoca.globo.com/conrado-hubner-mendes/o-baile-da-magistocracia-23236917>. Acesso em: 05 jun 2019.

[63] BARROSO. op. cit. p. 49.

Dessa forma, apesar de Barroso ponderar que o Judiciário seria mais democrático que o Legislativo e esse seria um dos motivos para se sustentar a possibilidade do ativismo judicial, a CRFB/88, reservou justamente para o Legislativo a competência de criar normas, justamente porque os congressistas são os representantes do povo, foram eleitos pelo povo para exercerem a função da legislatura.

Além disso, para Dworkin, conforme a doutrina da "supremacia do Poder Legislativo", um conjunto de princípios que exige que os Tribunais mostrem uma deferência limitada pelos atos do Poder Legislativo[64].

Explanados os principais argumentos que procuram legitimar uma atuação ativista do STF, se procederá para a análise de casos concretos julgados pela Corte com o escopo de se identificar se a Corte atuou como legisladora positiva, criando novas regras para a aplicação do direito ou se aplicou os princípios e regras existentes no ordenamento.

2. Os JULGAMENTOS DOS *HC*s 126.292 e 152.752 e o ativismo brasileiro.

---

[64] Ibid.

É necessária uma análise das decisões do STF que analisaram anteriormente a matéria acerca da possibilidade da execução provisória da pena, bem como uma análise do ordenamento jurídico brasileiro, mormente a CRFB/88 e o CPP.

Posto que são esses diplomas que regem a matéria em análise e é, a partir deles, que se chegará à conclusão de que a decisão que assentou a possibilidade da execução provisória da pena foi ativista, sendo essa conclusão baseada na teoria dworkiniana de direito como integridade, já anteriormente exemplificada[65].

2.1 A mudança de posição do STF quanto ao tema

A possibilidade da execução provisória da pena privativa de liberdade era orientação que prevalecia na jurisprudência do STF, mesmo na vigência da CRFB/88.

---

[65] DWORKIN. op. cit. nota, 1 e 2. Para Dworkin "o direito nada mais é que aquilo que as instituições, como as legislaturas, as câmaras municipais e os tribunais decidiram no passado", dessa forma, as questões relativas ao direito podem ser respondidas com base na análise dos arquivos de registro das decisões institucionais. Dworkin sustenta que há dois princípios de integridade política, um legislativo, que pede aos legisladores que tentem tornar moralmente coerente o conjunto de leis, e um jurisdicional que demanda que a lei seja vista como coerente nesse sentido

Nesse cenário jurisprudencial, em caso semelhante ao agora sob exame, a Suprema Corte, no julgamento do *Habeas Corpus* n° 68.726[66] -Rel. Min. Néri da Silveira-, realizado em 28/6/1991, assentou que a presunção de inocência não impede a prisão decorrente de acórdão que, em apelação, confirmou a sentença penal condenatória recorrível.

Insta asseverar que quando aludida decisão foi proferida estava em vigor dispositivo do CPP que previa restrições ao direito apelar em liberdade. Conforme *in verbis*:

> Art. 594."o réu não poderá apelar sem recolher-se à prisão, ou prestar fiança, salvo se for primário e de bons antecedentes, assim reconhecido na sentença condenatória, ou condenado por crime que se livre solto." Revogado pela Lei 17.719/2008.[67]

Em 2009 - e após a revogação do art. 594- o STF julgou o *HC* n° 84.078[68], que tratava de um condenado por tentativa de homicídio, e, por sete votos a quatro, decidiu que a prisão em segunda instância era inconstitucional[69].

---

[66] BRASIL. Supremo Tribunal Federal. *HC n° 68841 SP*. Disponível em: <https://stf.jusbrasil.com.br/jurisprudencia/ 751629/habeas-corpus-hc-68841-sp>. Acesso em: 24 mai 2019.

[67] BRASIL. *Código de Processo Penal*. Disponível em: <http://www.planalto.gov.br/ccivil_03/decreto-lei/Del3689Co mpilado.htm>. Acesso em: 31 mar 2019

[68] BRASIL. Supremo Tribunal Federal. *Habeas corpus n° 84.078-7 Minas Gerais*. Disponível em: < http://www.stf. jus.br/arquivo/cms/noticiaNoticiaStf/anexo/ementa84078.pdf>. Acesso em: 24 mai 2019

[69] Naquela ocasião votaram favoráveis ao direito de recorrer em liberdade os Ministros Eros Grau, Celso de Mello, Cezar Peluso, Carlos Ayres Britto, Ricardo Lewandowski, Gilmar Mendes e Marco Aurélio. Foram vencidos, defendendo a antecipação do início da pena, os Ministros Menezes Direito, Cármen Lúcia, Joaquim Barbosa e Ellen Gracie.

A execução da pena ficou condicionada ao trânsito em julgado do processo, tendo como exceção a prisão preventiva, uma vez que a regra do ordenamento jurídico é a liberdade e somente nos casos expressos nos artigos 312[70] e 313[71] do CPP é que se dará a prisão como medida cautelar.

Em fevereiro de 2016 após ser novamente provocada acerca da matéria a Suprema Corte mudou seu entendimento sob o fundamento de que a jurisprudência anteriormente consolidada levava a impunidade dos condenados[72].

---

[70] BRASIL op. cit., nota.67. Art. 312. A prisão preventiva poderá ser decretada como garantia da ordem pública, da ordem econômica, por conveniência da instrução criminal, ou para assegurar a aplicação da lei penal, quando houver prova da existência do crime e indício suficiente de autoria.

[71] Ibid. "Art. 313. Nos termos do art. 312 deste Código, será admitida a decretação da prisão preventiva: I - nos crimes dolosos punidos com pena privativa de liberdade máxima superior a 4 (quatro) anos;
II - se tiver sido condenado por outro crime doloso, em sentença transitada em julgado, ressalvado o disposto no inciso I do caput do art. 64 do Decreto-Lei nº 2.848, de 7 de dezembro de 1940 - Código Penal;
III - se o crime envolver violência doméstica e familiar contra a mulher, criança, adolescente, idoso, enfermo ou pessoa com deficiência, para garantir a execução das medidas protetivas de urgência;
IV - (revogado).
Parágrafo único. Também será admitida a prisão preventiva quando houver dúvida sobre a identidade civil da pessoa ou quando esta não fornecer elementos suficientes para esclarecê-la, devendo o preso ser colocado imediatamente em liberdade após a identificação, salvo se outra hipótese recomendar a manutenção da medida."

[72] É de se observar o momento político em que o país estava imerso naquela ocasião, qual seja, o ano de 2016, a operação Lava Jato estava no auge e seu alvo era prender grandes nomes do cenário político e figuras importantes do campo empresarial. Havia um clamor popular pelo "fim da impunidade" e pelo fim da corrupção, sendo assim, havia uma crescente onda popular no sentido de ser favorável a prisão em segunda instância pois havia o entendimento que isso daria efetividade a operação Lava Jato.

No *HC* n°126.292/SP[73] de relatoria do Ministro Teori Zavascki o STF por 7 votos a 4[74]

Entendeu que a execução provisória de acórdão penal condenatório proferido em grau de apelação, ainda que sujeito a recurso especial ou extraordinário, não compromete o princípio constitucional da presunção de inocência afirmado pelo artigo 5°, inciso LVII[75] da Constituição Federal.

Consignou-se que como o REsp e o RE não possuem efeito suspensivo, mesmo que a parte interponha algum desses recursos, a decisão recorrida continuará produzindo efeitos, sendo possível, portanto, a execução provisória da pena enquanto se aguarda o

julgamento do recurso.

Assentaram que até que seja confirmada em segundo grau a sentença penal condenatória prolatada no primeiro grau, deve-se presumir a inocência do réu.

---

[73] BRASIL. Supremo Tribunal Federal. *Habeas Corpus n° 126.292 São Paulo*. Disponível em: <http://redir.stf.jus.br/paginadorpub/paginador.jsp?docTP=TP&docID=10964246>. Acesso em: 28 mar 2019.

[74] Ficaram vencidos na decisão os ministros Marco Aurélio, Celso de Mello, Lewandowski, que já haviam sido contrários à prisão em segunda instância em 2009, e a ministra Rosa Weber, que passou a integrar o STF em novembro de 2011. Gilmar Mendes, contrário na primeira votação, Carmen Lúcia, favorável em 2009, Dias Toffoli, Edson Fachin, Teori Zavascki, Luís Roberto Barroso e Luiz Fux – que não faziam parte no tribunal na primeira decisão – votaram a favor.

[75] BRASIL. op. cit., nota 46.

Mas após esse momento, exaure-se o princípio da não culpabilidade, até porque os recursos extraordinários- RE e REsp- não se prestam a discutir matéria fática e probatória, mas tão somente matéria de direito. Insta salientar uma das razões sustentadas pelo Conselho Federal da OAB na ADC de n° 44 é que apesar de não ter efeito vinculante os juízes começaram a aplicar a decisão proferida em sede do *HC* em tela como parâmetro decisório para decidir acerca da possibilidade da prisão após o julgamento em segunda instância.

Contudo, em que pese o argumento da OAB de que por ser decisão proferida em *HC* não há falar em efeito vinculante, aludida decisão foi proferida pelo plenário do STF e o art. 927, V, do CPC é no sentido de que as decisões proferidas em plenário possuem efeito vinculante,[76] já que prevê expressamente que os juízes deverão observar as decisões proferidas pelo plenário.

---

[76] BRASIL. *Código de Processo Civil.* Disponível em: <http://www.planalto.gov.br/ccivil_03/_ato2015-2018/2015/lei/l13105.htm>. Acesso em: 06 ago 2019.>. Acesso em: 13 jun. 2019.Art. 927. Os juízes e os tribunais observarão: V - a orientação do plenário ou do órgão especial aos quais estiverem vinculados.

Dessa forma, não obstante a alegação da OAB na ADC de nº 44 a decisão proferida no *HC* de nº 126.292/SP[77] possui sim caráter vinculante, uma vez que por ter sido proferida pelo plenário do STF e de acordo com o sistema processual vigente que segue a lógica do efeito vinculante dos parâmetros decisórios que se adequem nos incisos do art. 927 do CPC[78].

Apesar de ser um parâmetro decisório que não seguiu a sistemática do ordenamento na sua esfera material, conforme veremos ao fim do capítulo quando da análise se a decisão foi ativista ou não, na esfera formal se trata de um parâmetro decisório vinculante de acordo com o atual sistema processual brasileiro.

---

[77] BRASIL. op. cit., nota. 66.
[78] BRASIL. op. cit., nota 76. Art. 927. Os juízes e os tribunais observarão:
I - as decisões do Supremo Tribunal Federal em controle concentrado de constitucionalidade; II - os enunciados de súmula vinculante;
III - os acórdãos em incidente de assunção de competência ou de resolução de demandas repetitivas e em julgamento de recursos extraordinário e especial repetitivos;
IV- os enunciados das súmulas do Supremo Tribunal Federal em matéria constitucional e do Superior Tribunal de Justiça em matéria infraconstitucional;
V - a orientação do plenário ou do órgão especial aos quais estiverem vinculados.

Importante salientar que esse acórdão proferido no *HC* nº126.292/SP[79] rompeu com cadeia decisória do STF, uma vez que desde 2009 no *HC* nº 84.078[80] em diante o STF passou a decidir pela impossibilidade de execução provisória da pena, sob o fundamento de que a CRFB/88 previa que o princípio da presunção de inocência só restaria afastado após o trânsito em julgado da sentença penal condenatória.

Dworkin traz o conceito de romance em cadeia para exemplificar a decisão dos juízes, fazendo uma metáfora entre um romance escrito por vários autores e as decisões tomadas pelos diferentes juízes nos diferentes casos que se assemelham.[81]

Dworkin sustenta que para que o romance escrito por diversos autores distintos seja homogêneo é necessário que os autores revisitem os textos já escritos para reconsiderar o que é aceitável com a sua interpretação.[82] Assim são as decisões dos juízes, para que elas sejam de fato parâmetros decisórios é necessário que o juiz revisite as decisões anteriormente tomadas para que haja de fato uma uniformização do direito, privilegiando assim a coerência e integridade.[83]

---

[79] BRASIL. op. cit., nota 66.
[80] BRASIL. op. cit., nota 68.
[81] DWORKIN, Ronald. *O império do direito*. 3. ed. São Paulo: Martins Fontes, 2014. p.275
[82] Ibid. p. 279.
[83] Ibid.

Dessa forma, a decisão que permitiu a execução provisória da pena quebrou com esse romance em cadeia, uma vez que os interpretes não voltaram as decisões anteriores, inovaram no direito e deram uma interpretação para o caso concreto fora do parâmetro decisório anteriormente estabelecido.

Novamente em 2018 a Corte foi mais uma vez provocada a se manifestar no *HC* n° 152.752[84], cujo paciente era o ex-presidente Luiz Inácio Lula da Silva, que buscava impedir a execução provisória da pena diante da confirmação pelo TRF-4 de sua condenação pelos crimes de corrupção passiva e lavagem de dinheiro. O Plenário do STF negou, por maioria de votos, o *HC*.

Na ocasião da decisão o STF mudou a composição tendo em vista o falecimento do Ministro Teori Zavascki e a nomeação do Ministro Alexandre de Moraes para o seu lugar, o novo Ministro votou conforme o entendimento de seu antecessor e acompanhando o relator proferiu: "Não há nenhuma ilegalidade ou abuso de poder que permitiria a concessão do habeas corpus", afirmou. "A decisão do STJ, ao acompanhar e aplicar a decisão do Supremo, agiu com total acerto. A presunção de inocência, todos sabemos, é uma presunção relativa"[85].

---

[84] BRASIL. Supremo Tribunal Federal. *Recurso Ordinário em habeas corpus 156.733 Distrito Federal*. Disponível em:< http://www.stf.jus.br/arquivo/cms/noticiaNoticiaStf/anexo/RHC156733decisao.pdf>. Acesso em: 04 jun 2019

[85] BRASIL. *STF nega habeas corpus preventivo ao ex-presidente Lula*. Disponível em: <http://www.stf.jus.br/portal/

Ademais, importante consignar que o Ministro Gilmar Mendes, que até então era a favor da execução provisória da pena após o julgamento em segunda instância, mudou sua posição e se manifestou no sentido de conceder a ordem para que eventual cumprimento da pena contra o ex-presidente Luiz Inácio Lula da Silva ocorra somente a partir do julgamento da matéria pelo STJ.

Ao contrário do relator, ele entendeu que, do ponto de vista processual e constitucional, não faz diferença se o Supremo está discutindo o tema em *HC* ou *ADC*, e ressaltou a necessidade de pacificação do tema.

A Ministra Rosa Weber que era contrária a execução provisória da pena, na ocasião proferiu voto favorável destacando que prevalece no STF o entendimento de que a execução provisória de acórdão de apelação não compromete a presunção de inocência.

Em seu voto a Ministra desenvolveu a questão da importância da previsibilidade das decisões do Judiciário e o local e o momento adequado para a revisão dessas posições.

---

cms/verNoticiaDetalhe.asp?idConteudo=374437>. Acesso em: 31 mar 2019.

Segundo ela, nem a simples mudança de composição nem os fatores conjunturais são fatores suficientes para legitimar a mudança de jurisprudência, e não há como reputar ilegal, abusiva ou teratológica a decisão que rejeita *habeas corpus*, "independentemente da minha posição pessoal quanto ao ponto e ressalvado meu ponto de vista a respeito, ainda que o Plenário seja o local apropriado para revisitar tais temas"[86].

Dessa forma, invocando o "Princípio do Colegiado"[87], a Ministra Rosa Weber na ocasião votou contrária à sua posição pessoal com o escopo de manter a jurisprudência assentada anteriormente pelo STF.

---

[86] Ibid.

[87] [...] "como terceiro ponto, ABORDO o significado do princípio da colegialidade, na engenharia decisória da atividade jurisdicional, notadamente a desempenhada pelas Cortes Supremas, princípio este QUE há de ser bem compreendido. A colegialidade, como método decisório dos julgamentos em órgãos coletivos pelo qual o decidir se dá em conjunto, impõe, aos integrantes do grupo, da assembleia ou do tribunal, procedimento decisório distinto daquele a que submetido o juiz singular. Por funcionar como um colegiado, em um tribunal, a justificação da decisão judicial não se detém no raciocínio jurídico de um único juiz, avançando à fase da deliberação, na qual as manifestações individuaissão postas em confronto e têm sua consistência e validade testadas, para, na etapa seguinte, proclamar-se resultado que expresse a opinião unânime ou majoritária do tribunal, enquanto voz e voto de um ente coletivo. A colegialidade, nesse ENFOQUE, assume, em um primeiro olhar, estrutura procedimental marcada pela igualdade e liberdade dos julgadores no compartilhamento dos argumentos jurídicos a fim de compor uma racionalidade única, institucional, do tribunal, conquanto comporte, por óbvio, expressão de divergências. " CONJUR. *Leia o voto da ministra Rosa Weber n julgamento do HC de Lula.* Disponível em: <https://www.conjur.com.br/2018-abr-10/leia-voto- ministra-rosa-weber-julgamento-hc-lula>. Acesso em: 03 abr 2019.

Insta ressaltar que a despeito de a Ministra Rosa Weber ter invocado o "princípio do colegiado" atribuindo-o a Dworkin para proferir seu voto e, apesar da Ministra ter invocado a teoria de Dworkin acerca do princípio do colegiado, não é essa a percepção dworkiniana de colegiado, para Dworkin, o colegiado seria uma regra de julgamento.

Contudo, o autor admite que há certos princípios gerais e parâmetros decisórios que vão solucionar o caso concreto e, dessa forma, de acordo com a teoria dworkiniana a Ministra deveria seguir o princípio geral da liberdade e o parâmetro decisório da presunção de inocência, sendo assim, o voto da Ministra não seguiu a teoria dworkiniana, embora ela a tenha invocado de maneira equivocada.[88]

---

[88] STRECK, Lenio Luiz. *A colegialidade, o direito e moral em guerra e a sinuca de bico do ST*. Disponível em:< https://www.conjur.com.br/2018-abr-19/senso-incomum-colegialidade-direito-moral-guerra-sinuca-bico-stf>. Acesso em 03 abr. 2019.

[89] BRASIL. op. cit., nota 73.
[90] BRASIL. op. cit., nota 67.

No ano de 2018, o Partido Nacional Ecológico PEN- atualmente denominado Patriota- e o Conselho Federal da OAB, propuseram as ADCs n° 43 e 44, sob a alegação de que o julgamento do *HC* n° 126292[89], vem gerando grande controvérsia jurisprudencial acerca do princípio constitucional da presunção de inocência, porque, mesmo sem força vinculante, os Tribunais passaram a adotar essa posição nos julgamentos, ignorando, desse modo, a norma insculpida no art. 283 do CPP[90].

Houve também no ano de 2018 o ajuizamento da ADC 54 que foi ajuizada em abril de 2018 pelo PCdoB.

Embora o objeto seja o mesmo das ADCs 43 e 44, o partido argumenta que, desde então, as prisões após a confirmação da condenação em segunda instância se tornaram automáticas e imediatas.

Nas três ações, o pedido principal é para que o STF declare a constitucionalidade do artigo 283 do CPP com efeito vinculante, ou seja, de observância obrigatória em todas as instâncias.

Percebe-se que os Ministros que votaram a favor da prisão após o julgamento em segunda instância invocaram o argumento moral de que a antecipação da execução da pena acabaria com um sentimento de impunidade e atenderia um clamor popular.

Ocorre que os Ministros não seguiram a teoria dworkiniana de direito como integridade para proferirem seus votos, posto que nesse caso, por mais complexo que pareça ser o caso concreto julgado, ele poderia ter sido resolvido com base nas regras, princípios existentes no ordenamento jurídico e os parâmetros decisórios já estabelecidos, sem a necessidade de criação de nova regra.

É inegável o alargamento da popularização dos julgamentos do STF e o interesse popular que se desenvolveu pelos julgamentos da Corte, tal fenômeno será melhor tratado no tópico a seguir.

2.2 A pressão popular e a midiatização dos julgamentos proferidos pela Suprema Corte

Interino na Presidência da República, o presidente do STF à época, o Ministro Marco Aurélio, sancionou a lei de criação da TV Justiça em 17 de maio de 2002.

A TV Justiça, canal de televisão administrado pelo Supremo Tribunal Federal, entrou no ar no dia 11 de agosto de 2002.

Esse foi o marco inicial das transmissões das sessões de julgamento do plenário do STF, de lá para cá houve a popularização da internet e dos meios de comunicação via redes sociais. Dessa forma, o STF ficou cada vez mais em evidência.

Em julho de 2005, quando o STF autuou o inquérito que se transformaria na ação penal de n° 470, popularmente conhecida como "mensalão"[91], o julgamento da ação penal n° 470 foi amplamente divulgado nas mídias e exaustivamente noticiado nos telejornais, o que fez com que pessoas que antes sequer faziam ideia da existência e do papel do STF voltassem sua atenção para a Corte.

Assim, o STF passou a ser assunto nas mesas de bares, nas rodas de amigos e nos almoços de domingo.

Após o julgamento do "mensalão" outras pautas tidas como "polêmicas", por serem temas alvo de divergência na sociedade, tais como, casamento homoafetivo[92], descriminalização do porte de drogas para consumo[93], descriminalização do aborto[94], foram levadas para a apreciação do STF.

---

[91] BRASIL. Supremo Tribunal Federal. *Corte Suprema do Brasil inicia o julgamento do mensalão.* Disponível em: <http://www2.stf.jus.br/portalStfInternacional/cms/destaquesNewsletter.php?sigla=newsletterPortalInternacionalNoticias& idConteudo=214544> Acesso em: 05 abr 2019.

[92] BRASIL. Supremo Tribunal Federal. *Supremo reconhece união homoafetiva.* Disponível em: < http://www.stf.jusbr/portal/cms/VerNoticiaDetalhe.asp?idConteudo=178931 >. Acesso em: 05 abr 2019.

[93] BRASIL. Supremo Tribunal Federal. *Tipicidade de porte de droga para consumo pessoal.* Disponível em: < http: //www.stf.jus.br/portal/jurisprudenciaRepercussao/verAndamentoProcesso.asp?incidente=4034145&numeroProcesso =635659&classeProcesso=RE&numeroTema=506>. Acesso em: 05 abr 2019.

[94] BRASIL.Supremo Tribuanl Federal. *Relatora encerra audiência pública sobre descriminalização do aborto.* Disponível em: < http://www.stf.jus.br/portal/cms/verNoticiaDetalhe.asp?idConteudo=386005

O tema de descriminalização do aborto, por exemplo, foi alvo de audiência pública[95], fato que faz com que a sociedade civil fique mais integrada com o papel que a Suprema Corte desenvolve, assim, com as transmissões dos julgamentos ao vivo pela TV Justiça e a ampla cobertura jornalística dos julgamentos da Corte, o STF foi ganhando penetração nos diversos campos sociais e foi sendo midiatizado.

Houve ao longo dos anos uma midiatização dos julgamentos do STF, prova disso é que em um julgamento do plenário- ADI5394-ocorreu um desentendimento entre o Ministro Luís Roberto Barroso e o Ministro Gilmar Mendes, a frase dita pelo Ministro Barroso durante a discussão "viralizou" na internet e passou a ser usada por diversas pessoas[96].

Como as sessões de julgamento são transmitidas ao vivo pela TV Justiça, qualquer comportamento fora da normalidade de uma sessão de julgamento toma as manchetes dos jornais e repercutem na internet.

>. Acesso em: 05 abr 2019.
[95]BRASIL, op. cit. nota 46.
[96]CONGRESSO EM FOCO. *Bate-boca entre Barroso e Gilmar Mendes vira música e até poema nas redes sociais. Veja principais memes.* Disponível em: < https://congressoemfoco.uol.com.br/especial/noticias/duelo-entre-barroso-e- gilmar-mendes-vira-musica-e-ate-poema-nas-redes-sociais-veja-principais-memes/>. Acesso em: 04 abr 2019.

A TV Justiça foi criada com o escopo de aproximar o cidadão com o STF, porém, tem se observado que os julgamentos passaram a ser comentados como se fossem jogos de futebol. Em março de 2019 foi, inclusive, convocada nas redes sociais manifestação contra o STF, e houve protesto[97] em frente à Corte pela decisão que julgou ser da Justiça Eleitoral a competência para julgar crimes conexos aos eleitorais[98].

O próprio Ministro Barroso afirma que a "sociedade se identifica mais com seus juízes do que com seus parlamentares"[99], para ilustrar tal afirmação ele dá o exemplo de que quando o Congresso Nacional aprovou as pesquisas com células-tronco embrionárias, o tema passou despercebido. Contudo, quando a lei foi questionada no STF, assistiu-se a um debate nacional[100].

---

[97] EXAME. *Protesto em frente ao STF critica decisão sobre Justiça eleitoral.* Disponível em: <https://exame.abril.com.br/brasil/protesto-em-frente-ao-stf-critica-decisao-sobre-justica-eleitoral/>. Acesso em: 31 mar 2019.
[98] POMPEO, Ana. *Supremo mantém julgamento de crimes comuns com a Justiça Eleitoral.* Disponível em: <https://ww w.conjur.com.br/2019-mar-14/supremo-mantem-julgamento-crimes-comuns-justica-eleitoral>. Acesso em: 04 abr 2019.

[99] BARROSO. op. cit. p.53
[100] Ibid.

Apesar de o Ministro Barroso afirmar que a crise de representatividade dos Poderes Executivo e Legislativo gerou expansão do Poder Judiciário e que os "juízes e Tribunais se tornam mais representativos dos anseios e demandas sociais do que as instâncias políticas tradicionais"[101], e que o Poder Judiciário goza de maior prestígio nas camadas da sociedade, há forte tendência a uma crítica cada vez mais crescente à atuação do STF, seja pelo excesso de exposição pública.

Com Ministros dando entrevistas acerca das matérias levadas à apreciação da Corte e ainda não julgadas[102] e opinando acerca de temas historicamente polêmicos.

O Ministro Dias Toffoli se referiu em uma de suas aulas na USP que a ditadura militar de 64, seria um "movimento de 64", nem golpe, nem ditadura, mas "movimento"[103].

Conrado Hubner Mendes faz lúcidas críticas ao atual momento do STF e observa que:

> a perda de respeito se nota pela virulência das novas metáforas e novos termos do jornalismo. Quando se afirma que o comportamento do Tribunal é "neurótico", que suas decisões são uma "roleta" e que a segurança jurídica se

---

[101] Ibid.
[102] ESTADÃO. Barroso afirmou ao Estadão que haverá crise caso o STF revise a prisão em segunda instância e que o STF não pode ignorar o clamor popular. *Barroso prevê crise se Supremo revisar prisão após segundo grau.* Disponível em: <https://politica.estadao.com.br/blogs/fausto-macedo/barroso-preve-crise-se-supremo-revisar-prisao-apos-2o-grau/>. Acesso em: 05 mai 2019.
[103] FOLHA DE S. PAULO. *Toffoli diz que hoje prefere chamar golpe militar de 'movimento de 64'.* Disponível em: <https://www1.folha.uol.com.br/poder/2018/10/toffoli-diz-que-hoje-prefere-chamar-ditadura-militar-de-movimento- de-1964.shtml>. Acesso em: 03 mai 2019.

transformou em "chacrinha"; que o Tribunal é um "transatlântico que se move em círculos", à deriva, com "tripulação amotinada"; que o "ambiente de guerrilha pulveriza a supremacia da Corte", que estaria "indo para o brejo", há sinal de que o alarme toca.[104]

Há sem dúvidas uma superexposição dos Ministros do STF, devido principalmente as transmissões ao vivo dos julgamentos pela TV Justiça.

A Senadora da República Kátia Abreu, inclusive criticou a existência da TV Justiça, para a parlamentar o Brasil é o único país que possui uma emissora que faz a transmissão ao vivo dos julgamentos da Suprema Corte.

E isso, na opinião da senadora acaba prejudicando a decisão dos Ministros, uma vez que essa exposição pode prejudicar a garantia constitucional de independência funcional dos Ministros, já que eles sabem que podem ser julgados pela opinião popular.

---

[104] MENDES, Conrado Hubner. *O STF erra quando acerta*. Disponível em: < https://epoca.globo.com/conrado- hubner-mendes/o-stf-erra-ate-quando-acerta-22855007>. Acesso em 03 mai 2019.

Para a senadora deve existir TV Senado e TV Câmara, TV Assembleia, pois os parlamentares são eleitos pelo voto popular e precisam se legitimar a todo instante, contudo, para ela isso não se aplica ao Poder Judiciário. Para a Senadora "os debates deveriam ser feitos de forma independente para que os Ministros possam votar totalmente isentos, sem que sejam abordados pelos cidadãos nas ruas de acordo com seus votos", segundo a senadora essa exposição não é boa para a democracia[105].

Na Suprema Corte dos EUA, por exemplo, os juízes se reúnem a portas fechadas, nem mesmo os assessores desses juízes têm acesso às deliberações e é redigido um voto unificado vencedor que para ser redigido depende do consenso dos juízes, ou seja, o jurisdicionado não fica sabendo acerca da tese vencida[106].

Na Europa também não há toda essa cobertura das decisões das Supremas Cortes como ocorre no Brasil, as Supremas Cortes da Itália e França se reúnem a portas fechadas.

---

[105] MIGALHAS. *"Sou contra a tv justiça"*, diz senadora Kátia Abreu. Disponível em: < https://www.migalhas.com.br/Quentes/17,MI299854,41046-Sou+contra+a+TV+Justica+diz+senadora+Katia+Abreu. Acesso em: 04 jun 2019.

[106] IDOETA, Paula Adamo. *Como os Supremos Tribunais de EUA e Europa tomam decisões - e lidam com questões espinhosas.* Disponível em: <https://www.bbc.com/portuguese/brasil-43978165>. Acesso em: 16 out. 2019.

As da Alemanha e Espanha têm parte de suas sessões abertas, mas não são televisionadas, como no Brasil. Na Alemanha, inclusive em alguns casos há a proibição de os juízes integrantes da Suprema Corte alemã divulguem seus votos vencidos nas deliberações da Suprema Corte.[107]

Fato é que pelo princípio da publicidade insculpido na CRFB/88, as decisões judiciais devem ser públicas e devidamente fundamentadas, conforme norma constitucional[108], mas essa midiatização do STF tem feito eclodir pressões populares para que a Corte decida conforme os interesses de determinados grupos, que formam uma momentânea maioria.

É de se observar, porém, que como o STF é o guardião da Constituição ele possui um papel contramajoritário e por isso suas decisões podem ir de encontro aos anseios da maioria, posto que a CRFB/88 resguardou o direito de todos os cidadãos brasileiros, sejam eles partes de grupos majoritários ou minoritários na sociedade.

---

[107] Ibid.
[108] BRASIL. op. cit., nota 46. Art 93. Lei complementar, de iniciativa do Supremo Tribunal Federal, disporá sobre o Estatuto da Magistratura, observados os seguintes princípios: (...) IX todos os julgamentos dos órgãos do Poder Judiciário serão públicos, e fundamentadas todas as decisões, sob pena de nulidade, podendo a lei limitar a presença, em determinados atos, às próprias partes e a seus advogados, ou somente a estes, em casos nos quais a preservação do direito à intimidade do interessado no sigilo não prejudique o interesse público à informação; (Redação dada pela Emenda Constitucional nº 45, de 2004) (...) .

Lenio Streck critica essa a posição de que os Ministros da Suprema Corte devem ouvir os clamores populares para proferirem seus votos[109], para o autor a CRFB/88 "não é apenas um remédio contra as maiorias e o clamor social, a Constituição é também um anteparo às pesquisas e estatísticas, pela simples razão de que essas apontam sempre para resultados sazonais".

Para Lenio não dá para contrapor o sistema de normas a uma realidade política- social-.[110]

Esses clamores populares formados por uma maioria momentânea não deveriam ser levados em consideração pelos Ministros em seus votos, pois, os votos devem ser dados com base naquilo que as instituições, como as legislaturas, as câmaras municipais e os Tribunais decidiram no passado, seguindo parâmetros decisórios previamente estabelecidos no ordenamento fundados nas regras e princípios, conforme prevê a teoria de direito como integridade.

---

[109] Tal posição foi defendida pelo ministro Barroso em entrevista concedida ao Estadão (ESTADÃO. Barroso afirmou ao Estadão que haverá crise caso o STF revise a prisão em segunda instância e que o STF não pode ignorar o clamor popular. *Barroso prevê crise se Supremo revisar prisão após segundo grau.* Disponível em: <https://politica.estadao.com.br/blogs/fausto-macedo/barroso-preve-crise-se-supremo-revisar-prisao-apos-2o-grau/.>. Acesso em: 05 mai 2019.), além disso, no artigo a razão sem voto Barroso sustenta que o STF tem o papel de representar a população e por esse motivo as decisões da Suprema Corte também devem levar em consideração a opinião popular. BARROSO. op. cit., nota 87.

[110] STRECK. Lenio Luis. *E se a opinião pública fosse contra após segunda instância?* Disponível em: <https://www. conjur.com.br/2018-mar-08/senso-incomum-opiniao-publica-fosse-prisao-segunda-instancia>. Acesso em: 04 jun 2019.

É justamente acerca das regras atinentes à prisão em segunda instância que o próximo tópico irá tratar.

2.3 A ausência de previsão legal da prisão em segunda instância

A Constituição Federal[111] prevê a presunção de inocência, extraída da seguinte norma constitucional "LVII - ninguém será considerado culpado até o trânsito em julgado de sentença penal condenatória;"[112], e trânsito em julgado pressupõe a ausência de recursos capazes de impedir a mutação dos julgamentos proferidos naquele processo.

Ademais, o CPP, norma que trata do procedimento afeto a apuração de infrações penais, prevê que:

> Art. 283. Ninguém poderá ser preso senão em flagrante delito ou por ordem escrita e fundamentada da autoridade judiciária competente, em decorrência de sentença condenatória transitada em julgado ou, no curso da investigação ou do processo, em virtude de prisão temporária ou prisão preventiva. (Redação dada pela Lei nº 12.403, de 2011).[113]

---

[111] BRASIL. op. cit., nota 46.
[112] Ibid.
[113] BRASIL. op. cit. nota 66.

Dessa forma, para os diplomas legais que cuidam do procedimento para a apuração de crimes, só será considerado culpado, o agente cuja a sentença penal condenatória transite em julgado, ou seja, um processo em que não há mais pendência de julgamento de recursos e, dessa forma, a execução da pena só poderá ter seu termo inicial quando o agente de fato tiver sua inocência afastada.

Desse modo, infere-se que no ordenamento jurídico não há previsão para a prisão em segunda instância, uma vez que a prisão é medida última a ser tomada, medida excepcional, visto que a regra em nosso ordenamento é a liberdade.

Por exclusão infere-se que como o ordenamento prevê o trânsito em julgado para o recolhimento do agente a prisão não há previsão legal para a execução provisória da pena, ou seja, o recolhimento a prisão para cumprimento da pena após o julgamento em segunda instância não encontra fundamento legal no ordenamento jurídico pátrio, por expressa previsão legal.

É de se salientar que o princípio da legalidade rege o ordenamento jurídico e encontra previsão expressa na Constituição Federal, insculpido na seguinte norma: "II - ninguém será obrigado a fazer ou deixar de fazer alguma coisa senão em virtude de lei;"[114] e silente a lei acerca da previsão da possibilidade da execução provisória da pena, conclui-se que não há previsão para a prisão após julgamento em segunda instância.

A presunção de inocência é um princípio imposto pelo Poder Constituinte Originário como direito fundamental e, portanto, garantia individual.

A CRFB/88 consignou que essa garantia não pode ser suprimida por sequer emenda constitucional, conforme se infere do §4º do art. 60 da CRFB/88 "art. 60. A Constituição poderá ser emendada mediante proposta: (...) § 4º Não será objeto de deliberação a proposta de emenda tendente a abolir: (...) IV - os direitos e garantias individuais. (...)"[115].

A ausência de previsão de prisão em segunda instância não significa que o ordenamento privilegia a impunidade, não há razão para os Ministros serem ativistas.

Nas palavras do Ministro Fux, que é a favor da execução da pena após condenação em 2º grau, a execução provisória da pena "seria justificada para preservar o direito fundamental da sociedade em ver aplicada a sua ordem penal, ainda que em detrimento de eventual direito do acusado"[116]. Não há esse "direito fundamental" invocado pelo Ministro Fux.

---

[114] BRASIL. op. cit., nota 46.
[115] Ibid.

[116] FUX apud STRECK. *E se a opinião pública fosse contra após segunda instância?* Disponível em: <https://www.conjur.com.br/2018-mar-08/senso-incomum-opiniao-publica-fosse-prisao-segunda-instancia>. Acesso em: 04 jun 2019.

Inclusive pela teoria dworkiniana de direito como integridade o próprio ordenamento jurídico é capaz de solucionar os casos concretos por mais complexos que pareçam ser, já que a regra principal é a presunção de inocência e a liberdade, contudo, há regras que se aplicam a casos concretos que requerem juízo acerca da necessidade de se impor medidas cautelares[117] ou de se manter o agente preso, para isso existe

---

[117] BRASIL. op. cit., nota 67. Art. 319. São medidas cautelares diversas da prisão: (Redação dada pela Lei nº 12.403, de 2011).

I - comparecimento periódico em juízo, no prazo e nas condições fixadas pelo juiz, para informar e justificar atividades; (Redação dada pela Lei nº 12.403, de 2011).
II - proibição de acesso ou frequência a determinados lugares quando, por circunstâncias relacionadas ao fato, deva o indiciado ou acusado permanecer distante desses locais para evitar o risco de novas infrações; (Redação dada pela Lei nº 12.403, de 2011).
III - proibição de manter contato com pessoa determinada quando, por circunstâncias relacionadas ao fato, deva o indiciado ou acusado dela permanecer distante; (Redação dada pela Lei nº 12.403, de 2011).
IV - proibição de ausentar-se da Comarca quando a permanência seja conveniente ou necessária para a investigação ou instrução; (Incluído pela Lei nº 12.403, de 2011).
V - recolhimento domiciliar no período noturno e nos dias de folga quando o investigado ou acusado tenha residência e trabalho fixos; (Incluído pela Lei nº 12.403, de 2011).
VI - suspensão do exercício de função pública ou de atividade de natureza econômica ou financeira quando houver justo receio de sua utilização para a prática de infrações penais; (Incluído pela Lei nº 12.403, de 2011).
VII - internação provisória do acusado nas hipóteses de crimes praticados com violência ou grave ameaça, quando os peritos concluírem ser inimputável ou semi-imputável (art. 26 do Código Penal) e houver risco de reiteração; (Incluído pela Lei nº 12.403, de 2011).
VIII - fiança, nas infrações que a admitem, para assegurar o comparecimento a atos do processo, evitar a obstrução do seu andamento ou em caso de resistência injustificada à ordem judicial; (Incluído pela Lei nº 12.403, de 2011).
IX - monitoração eletrônica. (Incluído pela Lei nº 12.403, de 2011).

previsão da prisão preventiva[118], e, uma vez preenchidos os requisitos ela pode ser decretada "pelo juiz, de ofício, se no curso da ação penal, ou a requerimento do Ministério Público, do querelante ou do assistente, ou por representação da autoridade policial"[119], fato que afasta o argumento de sentimento de impunidade por parte da sociedade.

Um dos fundamentos invocados pelos Ministros do STF para possibilitar a execução provisória da pena foi o de que a segunda instância esgotaria as questões de fato e, dessa forma, haveria o trânsito em julgado das questões de fato, uma vez que os recursos extraordinários (RE e RESP) não analisam questão de fato, mas tão somente questão de direito.

Lenio Streck argumenta que não é possível cindir questão de fato com questão de direito e dessa forma, não haveria o argumento invocado pelos Ministros do STF de que as questões de fato transitariam em julgado após o julgamento em segunda instância.[120] Lenio Streck argumenta que houve declínio da doutrina e que:

---

[118] BRASIL. op. cit., nota 67. Art. 312. A prisão preventiva poderá ser decretada como garantia da ordem pública, da ordem econômica, por conveniência da instrução criminal, ou para assegurar a aplicação da lei penal, quando houver prova da existência do crime e indício suficiente de autoria. (Redação dada pela Lei nº 12.403, de 2011).
Parágrafo único. A prisão preventiva também poderá ser decretada em caso de descumprimento de qualquer das obrigações impostas por força de outras medidas cautelares (art. 282, § 4º). (Incluído pela Lei nº 12.403, de 2011)
[119] Ibid. Art. 311.
[120] STRECK, Lenio Luiz. *Decisão de segundo grau esgota questão de fato? Será que no Butão é assim?* Disponível em: <https://www.conjur.com.br/2018-mar-22/senso-incomum-segundo-grau-

> [...] as práticas judiciárias institucionalizaram o uso de argumentos finalísticos, como aquilo que venho denominando de *Target Effect* (Fator Alvo): atira-se a flecha a esmo e depois pinta-se o alvo. Margem de erro: zero. Desculpem-me, mas um país que confunde direito penal com política social de controle de massas está com seríssimos problemas de compreensão sobre o próprio sentido do Direito. Pergunto: por que ainda temos cursos de pós-graduação ensinando coisas que vão na contramão do que se pratica todos os dias no judiciário? Hoje o professor de direito constitucional virou um subversivo, porque ensina coisas como "garantias que podem atrapalhar" o "combate à impunidade". Defender a legalidade virou um ato revolucionário.[121]

Lenio Streck argumenta que para além do princípio constitucional da presunção de inocência o art. 288 do CPP é expresso no sentido de que a execução da pena deve se dar após o esgotamento de todos os recursos, sejam eles ordinários ou extraordinários.[122]

Aduz que o CPP é a lei que rege o processo penal e desse modo têm limites interpretativos o que vedaria a possibilidade da execução provisória da pena caso fosse seguido pelos Ministros no momento da prolação de suas decisões.[123]

---

esgota-questao-fato-butao-assim>.
Acesso em: 19 out 2019.
[121] Ibid.
[122] Ibid.
[123] Ibid.

Seguindo a linha de raciocínio de Lenio Streck, Pedro Segall argumenta que "a concepção privada do julgador não deve influenciar sua decisão: a moral social corrige a lei no momento da sua elaboração, não no da sua aplicação"[124].

Além disso, Pedro Segall argumenta que argumentos consequencialitas, como os invocados pelos Ministros que votaram pela possibilidade de execução provisória da pena para combater a impunidade são voláteis "se prestam ao preto e ao branco a depender do contexto ou momento em que defendidos, gerando ou incoerência ou insegurança jurídica, ambas inadmissíveis no âmbito jurídico."[125]

Pedro Segall conclui seu raciocínio no sentido de que o direito passa a ser uma ferramenta para concretização de interesses individuais e quem sofre com isso é o Estado Democrático de Direito, concluindo que é importante que os juízes decidam com base nos princípios.[126]

Gustavo Badaró sustenta que a Constituição é clara ao estabelecer o marco para o trânsito em julgado da sentença penal condenatória, garantido a presunção de inocência até o fim desse marco, segundo o autor não se trata de uma garantia que se aplica somente até a sentença penal recorrível, ou mesmo até o julgamento em segundo grau de jurisdição.[127]

---

[124] SEGALL, Pedro Machado. *Críticas à prisão após 2ª grau devem se basear na lei, não nas consequências.* Disponível em: <https://www.conjur.com.br/2016-mar-11/pedro-segall-criticas-prisao-grau-basear-lei>. Acesso em: 19 out 2019.
[125] Ibid.
[126] Ibid

Nessa linha, Gustavo Badaró faz a seguinte indagação:

> Pode-se indagar: seria da essência da presunção de inocência que tal estado do acusado vigore temporalmente até que a condenação transite em julgado? A resposta é, seguramente, negativa. O que se assegura, por exemplo, no plano dos tratados internacionais de direitos humanos é que o acusado tem o direito de que se presuma sua inocência "enquanto não for legalmente comprovada a sua culpa" (Convenção Americana de Direitos Humanos, artigo 8.2); ou "enquanto a sua culpabilidade não tiver sido legalmente provada" (Convenção Europeia de Direitos Humanos, artigo 6.2); ou, ainda, "até que sua culpabilidade tenha sido legalmente estabelecida" (Pacto Internacional de Direitos Civis e Políticos, artigo 14.2).
>
> Em todos esses dispositivos, é possível, do ponto de vista hermenêutico, considerar que a "culpa" estará legalmente comprovada, provada ou estabelecida com uma decisão que aprecie o mérito da causa.
>
> Isto é, havendo uma sentença condenatória, mesmo que impugnada por meio de recurso, já se terá apreciado a culpa ou a inocência do acusado. Com maior razão, havendo acórdão condenatório em segundo grau, mesmo que antes do trânsito em julgado, a culpa terá sido legalmente provada e estabelecida.[128]

---

[127] BADARÓ. Gustavo Henrique Righi Ivahy. *É temerário admitir que o STF pode "criar" um novo conceito de trânsito em julgado*. Disponível em:< https://www.conjur.com.br/2018-abr-03/badaro-stf-nao-criar-conceito-transito- julgado>. Acesso em: 31 out 2019.

[128] Ibid.

Gustavo Badaró sustenta que o trânsito em julgado da sentença penal condenatória se dá no momento em que a sentença ou o acórdão se torna imutável, ou seja, quando não há mais possibilidade de recursos e há a formação da coisa julgada material.

Argumenta que não há margem para interpretação desse marco inicial do trânsito em julgado da sentença penal condenatória, não cabendo nem mesmo ao STF fazer aludida interpretação, pois a Constituição é clara ao prever expressamente que só após o trânsito em julgado é que a presunção de inocência é ilidida.[129]

Argumenta por fim, que do ponto de vista do ordenamento jurídico, é correto afirmar que o acusado goza da mesma situação jurídica que um inocente, ou seja, ainda prevalece durante todo o processamento da ação penal a presunção de inocência que só será afastada após a formação da certeza da responsabilidade penal do agente formada após a formação da coisa julgada material da sentença penal condenatória.

Em um Estado de Direito no regramento de sua persecução penal esse deve ser o ponto inicial da lei e da jurisprudência.

---

[129] Ibid.

"E essa paridade ou igualdade substancial não se altera nos diversos momentos da persecução penal: o investigado, o acusado e o condenado, enquanto pende recurso da sentença condenatória, estão na mesma situação jurídica que o inocente, isto é, quem nunca foi investigado ou processado."[130]

Analisada a ausência de previsão legal acerca da prisão em segunda instância, passará a análise da incidência do ativismo judicial nos julgamentos do STF que concluíram pela possibilidade da execução provisória da pena.

2.4 Execução provisória da pena como a concretização do ativismo no STF

Como visto anteriormente, não há previsão legal no ordenamento jurídico para a execução provisória da pena.

Ao analisar os julgamentos nos *Habeas Corpus* percebe-se que os argumentos utilizados pelos Ministros que formaram a maioria para a virada jurisprudencial no entendimento concernente à possibilidade da execução provisória da pena não foram de fato jurídicos, os Ministros argumentavam que esperar o trânsito em julgado da sentença penal condenatória poderia criar situações de impunidade e que a massa popular clamava por justiça.

---

[130] Ibid.

Após uma análise detida e sistemática do ordenamento infere-se que o STF atuou como legislador positivo ao fixar entendimento no sentido de possibilidade de prisão após o julgamento em segunda instância.

De acordo com o rigor técnico, imprescindível para um julgamento de qualidade, balizado nas regras e princípios existentes no ordenamento jurídico, o STF não poderia ter fixado entendimento acerca da possibilidade de prisão após o julgamento em segunda instância.

De se salientar que o legislador constituinte fixou como marco inicial para a execução da pena o trânsito em julgado da sentença penal condenatória.

Dessa forma, ao atuar como legislador positivo o STF além de ter usurpado a competência legislativa do poder Legislativo, já que cabe a esse poder legislar sobre normas e procedimentos de direito material e processual, contrariou regra expressa prevista na Constituição Federal[131].

---

[131] BRASIL. op. cit., nota 46. Art. 5º Todos são iguais perante a lei, sem distinção de qualquer natureza, garantindo-se aos brasileiros e aos estrangeiros residentes no País a inviolabilidade do direito à vida, à liberdade, à igualdade, à segurança e à propriedade, nos termos seguintes: LVII - ninguém será considerado culpado até o trânsito em julgado de sentença penal condenatória;

A Constituição Federal é a bússola do ordenamento jurídico é ela quem regra os parâmetros e normas que se deve seguir para que alcancemos o Estado Democrático de Direito, e ao desrespeitar norma constitucional, o Supremo acaba por criar regra inconstitucional que além de desequilibrar a harmonia entre a separação dos Poderes, que apesar de uno é dividido de forma harmônica para o bom funcionamento da República, acaba por criar insegurança jurídica.

Como não ficou pacificado o tema acerca da possibilidade da antecipação da execução da pena no julgamento do *HC* nº38633.
Por maioria dos votos, a Primeira Turma do STF inadmitiu, pedido de *Habeas Corpus* formulado em favor dos advogados Patrícia Esteves de Pinho e José Roberto Neves da Silveira, que haviam sido condenados em primeira instância, pela prática dos crimes de quadrilha (artigo 288) e peculato contra entidade de direito público, em continuidade delitiva (artigo 171, parágrafo 3º, cumulado com o artigo 71, todos do Código Penal a Primeira Turma do STF negou provimento ao *HC* impetrado pelos pacientes e permitiu a execução provisória da pena[132].

---

[132] BRASIL. Supremo Tribunal Federal. *1ª Turma inadmite HC impetrado contra execução provisória da pena*. Disponível em:< http://www.stf.jus.br/portal/cms/verNoticiaDetalhe.asp?idConteudo=351821 >. Acesso em: 15 out. 2019.

Em sentido diametralmente oposto a Segunda Turma do STF ao julgar o *HC* nº 151430, após empate na votação do julgamento manteve decisão monocrática do ministro Ricardo Lewandowski, proferida no *Habeas Corpus* nº 151430, que garantiu a um réu condenado em primeira e segunda instâncias o direito de recorrer em liberdade até o trânsito em julgado da sua condenação[133].

Se os Ministros tivessem observado os parâmetros decisórios e as regras de julgamentos estabelecidas eles jamais causariam essa insegurança jurídica, uma vez que apesar de a princípio a decisão acerca da possibilidade de execução provisória da pena parecer um caso concreto de difícil solução, o ordenamento jurídico seria capaz de resolver esse problema.

Já que como há regras prevalentes, a regra da prisão após o trânsito em julgado da sentença penal condenatória é a regra aplicável a qualquer caso concreto.

Seguindo a teoria dworkiniana[134] de direito como integridade os Ministros encontrariam nos casos concretos anteriores e nas normas anteriormente estabelecidas pelo Legislativo a decisão correta para solucionar os casos concretos que foram levados à sua apreciação.

---

[133] BRASIL. Supremo Tribunal Federal. *2ª Turma mantém decisão que assegurou a condenado em segunda instância o direito de recorrer em liberdade.* Disponível em: <http://www.stf.jus.br/portal/cms/verNoticiaDetalhe.asp?idConteu do=422472&caixaBusca=N>. Acesso em: 15 out. 2019

[134] DWORKIN, Ronald. *O império do direito.* 3. ed. São Paulo: Martins Fontes, 2014. p. 10.

O STF não pode invocar um clamor popular para fundamentar e orientar as suas decisões, à Suprema Corte foi justamente conferida a tarefa de guardiã da Constituição e para ela foi dado função contramajoritária justamente para que os preceitos constitucionais fossem resguardados e mantidos, mesmo que por dado momento tais normas não refletissem a vontade daquela maioria momentânea.

Além disso, a assembleia constituinte foi eleita por voto popular e, sendo assim, as regras e normas constitucionais previamente estabelecidas foram alvo naquele momento de proteção e vontade da maioria.

O motivo de se considerar que houve ativismo judicial na decisão do Supremo em entender pela possibilidade da execução provisória da pena é que como já estabelecido não há no ordenamento jurídico regra que possibilite a viabilidade da prisão após julgamento em segunda instância.

O Supremo atuou como legislador positivo e sua decisão não se balizou nas regras de julgamento existentes no ordenamento jurídico, ao inovar no direito, o STF acabou por usurpar a competência do Poder Legislativo, já que sua decisão ignorou as normas expressamente previstas no ordenamento jurídico e os parâmetros decisórios anteriormente estabelecidos.

Essa mudança estabelecida pelo STF não se baseou numa modificação de uma doutrina existente, porque não levou em conta alguns padrões importantes que se oponham a doutrina existente, tais parâmetros são em sua maioria princípios, e a decisão do STF fere justamente os princípios da liberdade e presunção de inocência.

O direito à liberdade é tão valorado no nosso ordenamento jurídico que o legislador se preocupou em deixar expresso no texto constitucional que só após se esgotarem todos os recursos no ordenamento jurídico, ou seja, só após o trânsito em julgado do processo penal é que aquele agente será considerado culpado.

Para o legislador constituinte a liberdade é a regra no ordenamento sendo excepcionada apenas com prova inconteste da responsabilidade penal do agente, já que essa prova afastará a presunção de inocência.

Para Lenio Streck "a Constituição é clara em estabelecer a garantia de presunção da inocência. Se o STF reduzir o alcance, como por exemplo aceitando prisão já em segundo grau, estará revogando dispositivo constitucional. Não será nem mutação constitucional: será mutilação inconstitucional."[135]

Para Marcelo Andrade Catoni[136] de Oliveira a presunção de inocência:

---

[135] CONJUR. *Veja o que dez constitucionalistas dizem sobre a execução provisória da pena.* Disponível em: < https:// www.conjur.com.br/2018-abr-04/veja-dez-constitucionalistas-dizem-prisao-antecipada>. Acesso em: 04 jun 2019.

> A "relativização" da presunção de inocência, baseada na "distinção" entre questões de fato e de direito ou na "ponderação" entre garantia da liberdade e eficácia da punição, inverte o ônus argumentativo no processo, viola o contraditório e a ampla defesa, levando à própria aniquilação da presunção de inocência como garantia individual. A Constituição não admite isso! Princípios são normas obrigatórias e não valores otimizáveis. A diferença entre licitude e ilicitude não é uma questão de grau: ninguém é "mais ou menos" inocente até que "mais ou menos" se prove o contrário."

Marcelo Andrade Catoni e Lenio Streck seguem linhas similares e não era de se surpreender que ambos chegariam a conclusões similares no que toca a presunção de inocência.

Contudo, insta trazer posições de Dalmo Dalari e José Afonso da Silva, que seguem linhas similares entre si, mas seguem linhas diferentes dos autores supracitados, e, também chegaram a conclusões similares as destes autores no que toca a presunção de inocência.

Para Dalmo Dalari[137] o princípio da presunção de inocência:

> O princípio da presunção da inocência é praticamente universal e expresso na Constituição brasileira. Pelo artigo 5º, presume-se a inocência até o trânsito em julgado. Em respeito ao texto constitucional e também aos direitos de todos os brasileiros, deve ser aplicado o princípio da presunção de inocência. A regra não se aplica só ao Lula, aplica-se a todos nós. O que se está

---
[136] Ibid.
[137] Ibid

pretendendo é inverter o princípio constitucional e aplicar o princípio da culpabilidade."

Para José Afonso da Silva[138] a prisão em segunda instância:

> Indubitavelmente, não é compatível com o inciso LVII do artigo 5º da Constituição a tese firmada pelo Supremo Tribunal Federal no HC 126.292 de que "a execução provisória de acórdão penal condenatório proferido em grau de apelação, ainda que sujeito a recurso especial ou extraordinário, não compromete o princípio constitucional da presunção de inocência". (...) É incompreensível como o grande tribunal, que a Constituição erigiu em guardião da Constituição, dando-lhe a feição de uma Corte Constitucional, pôde emitir uma tal decisão em franco confronto com aquele dispositivo constitucional

Logo, por ter inovado na ordem jurídica sem observar as regras existentes no ordenamento jurídico e, por esse motivo, atuado como legislador positivo, o STF foi ativista nos julgamentos em que se possibilitou a execução provisória da pena.

O STF ao possibilitar a execução provisória da pena não declarou inconstitucional a regra prevista no art. 283 do CPP[139], o que, de acordo com a súmula vinculante nº 10 do STF viola a cláusula de reserva do plenário[140].

---

[138] Ibid.
[139] BRASIL. op. cit., nota 67.
[140] Súmula Vinculante 10 ola a cláusula de reserva de plenário (CF, artigo 97) a decisão de órgão fracionário de tribunal que, embora não declare expressamente a inconstitucionalidade de lei ou ato normativo do Poder Público, afasta sua incidência, no todo ou em parte. BRASIL. *Súmula*

A cláusula de reserva de plenário está prevista na CRFB/88[141] determinando expressamente que uma norma só pode ser declarada inconstitucional pela maioria dos membros do plenário do STF.

É de se observar que nos julgamentos que possibilitaram a execução provisória da pena foi alcançada a maioria absoluta dos membros do STF, já que no *HC* nº 126.292[142] a decisão que possibilitou a execução provisória da pena foi por 7 votos a 4.

E no *HC* nº 152.752[143] a decisão que possibilitou a execução provisória da pena se deu por 6 votos a 5.

Contudo, houve violação a cláusula de reserva de plenário, uma vez que os ministros não declararam o art. 283 do CPP[144] inconstitucional, mas afastaram sua incidência possibilitando a execução provisória da pena o que afronta a Súmula Vinculante nº 10 do próprio STF[145].

Vinculante 10. Disponível em: <<http://www.stf.jus.br/portal/jurisprudencia/menuSumario.asp?sumula=1216>. Acesso em: 19 out 2019.
[141] BRASIL. op. cit., nota 46. Art. 97. Somente pelo voto da maioria absoluta de seus membros ou dos membros do respectivo órgão especial poderão os tribunais declarar a inconstitucionalidade de lei ou ato normativo do Poder Público.
[142] BRASIL. Supremo Tribunal Federal. *Habeas Corpus nº 126.292 São Paulo.* Disponível em: <http://redir.stf.jus.br/paginadorpub/paginador.jsp?docTP=TP&docID=10964246>. Acesso em: 28 mar 2019.
[143] BRASIL. Supremo Tribunal Federal. *Recurso Ordinário em habeas corpus 156.733 Distrito Federal.* Disponível em:< http://www.stf.jus.br/arquivo/cms/noticiaNoticiaStf/anexo/RHC156733decisao.pdf>. Acesso em: 04 jun 2019.
[144] BRASIL. op. cit., nota 67.
[145] BRASIL. op. cit., nota 140.

O STF violou nos julgamentos dos *HC*s nº 126.292[146] e 152.752[147] o dever de autorreferência, que é o dever "de fundamentação do Judiciário levando-se em consideração, no momento de decidir, algo que foi por ele decidido anteriormente, seja para concordar ou para dissentir o entendimento anterior"[148].

O dever de autorreferência está intimamente ligado com a ideia de integridade e coerência já que eles têm em comum a previsão de que as decisões do Judiciário devem seguir padrões decisórios previamente estabelecidos.

Além disso, o art. 926[149] do CPC é no sentido de que os Tribunais devem uniformizar a jurisprudência e mantê-la estável, e para isso devem editar enunciados de súmula com a jurisprudência dominante.[150]

---

[146] BRASIL. op. cit., nota 141.
[147] BRASIL. op. cit., nota 142.
[148] BRASIL. Supremo Tribunal Federal. *Dever de autorreferência.* Disponível em:<http://www.stf.jus.br/portal/jurisprudencia/listarTesauro.asp?txtPesquisaLivre=DEVER%20DE%20AUTORREFER%C3%8ANCIA>. Acesso em: 19 out 2019.
[149] BRASIL. op. cit., nota 76.
[150] BRASIL. op. cit., nota 76. Art. 926. Os tribunais devem uniformizar sua jurisprudência e mantê-la estável, íntegra e coerente.
§ 1º Na forma estabelecida e segundo os pressupostos fixados no regimento interno, os tribunais editarão enunciados de súmula correspondentes a sua jurisprudência dominante.
§ 2º Ao editar enunciados de súmula, os tribunais devem ater-se às circunstâncias fáticas dos precedentes que motivaram sua criação.

O próprio STF já havia editado súmula (Súmula Vinculante nº 10) com a jurisprudência predominante na Corte e abandonou não só a sua própria orientação jurisprudencial como deixou de seguir as regras previstas no art.283 do CPP[151] e do art. 926[152] do CPC quando permitiu a execução provisória da pena.

O STF foi ativista ao decidir pela possibilidade da execução provisória da pena, uma vez que tais decisões romperam com os parâmetros decisórios anteriormente estabelecido.

Embora não tenha ocorrido nenhuma mudança legislativa que justificasse tal quebra na cadeia de romance das decisões, contudo ao ser novamente provocado acerca do tema, uma vez que as decisões nos *HCs* de nº 126.292[153] e 152.752[154], analisados anteriormente, causaram insegurança jurídica.

O STF retomou a ordem constitucional e decidiu com base na autocontenção e no direito como integridade, para declarar o art. 283 do CPP[155] constitucional, fato que deu fim à possiblidade da execução provisória da pena, conforme será melhor abordado no item seguinte.

---

[151] BRASIL. op. cit. nota 67.
[152] BRASIL. op. cit., nota 150.
[153] BRASIL. op. cit., nota 141.
[154] BRASIL. op. cit., nota 142.
[155] BRASIL. op. cit. nota 67.

2.5 O julgamento das ADCS 43, 44 e 54 e a volta da constitucionalidade e autocontenção

As decisões ativistas proferidas nos *HCs* nº 126.292[156] e 152.752[157] que possibilitaram a execução provisória da pena culminaram no ajuizamento das ADCs nº 43, 44 e 54 que questionaram a constitucionalidade do art. 283 do CPP[158] com a finalidade de que o STF retomasse a ordem constitucional violada pelas decisões ativistas anteriormente proferidas.

O Ministro Marco Aurélio, relator das ADCs decidiu julgar ambas as ações na mesma sessão, uma vez que as três ADCs possuem o mesmo objeto.

O ministro relator proferiu seu voto no sentido da impossibilidade da execução provisória da pena, para o ministro deve-se esperar o trânsito em julgado da sentença penal condenatória que se dá tão somente após o esgotamento de todos os recursos.

O Ministro ao proferir seu voto ressaltou que "a harmonia, com a Constituição de 1988, do artigo 283 do Código de Processo Penal[159] é completa, considerado o alcance do princípio da não culpabilidade, inexistente campo para tergiversações, que podem levar ao retrocesso constitucional, cultural em seu sentido maior"[160].

---

[156] BRASIL. op. cit., nota 141.
[157] BRASIL. op. cit., nota 142.
[158] BRASIL. op. cit. nota 67.
[159] Ibid.
[160] CONJUR. *Leia o voto do ministro Marco Aurélio.* Disponível em: https://www.conjur.com.br/dl/leia-voto- ministro-marco-aurelio.pdf. Acesso em: 02 jan 2020.

Dessa forma, proferiu seu voto no sentido de que só é possível a execução da pena quando há o esgotamento das vias recursais, uma vez que o artigo 283 do CPP[161] regra a matéria e estabelece o trânsito em julgado para que seja possível a execução da pena concluindo que:

> a execução provisória (ou prematura) da sentença penal condenatória, mesmo aquela emanada do Tribunal do Júri, 75 Em elaboração ADC 43 / DF revela-se frontalmente incompatível com o direito fundamental do réu de ser presumido inocente até que sobrevenha o trânsito em julgado de sua condenação criminal, tal como expressamente assegurado pela própria Constituição da República (CF, art. 5º, LVII)[162]

O Ministro Alexandre de Moraes abriu divergência e proferiu o seu voto no sentido da possibilidade da execução provisória da pena, em seu voto o ministro afirmou que a "possibilidade de execução de acórdão penal condenatório proferido em grau recursal, ainda que sujeito a recurso especial ou a recurso extraordinário, não compromete o princípio constitucional da presunção de inocência afirmado pelo artigo 5º, inciso LVII, da Constituição Federal."[163].

---

[161] BRASIL. op. cit. nota 67.
[162] Ibid.
[163] CONUJUR. *Leia o voto do ministro Alexandre de Moraes.* Disponível em:< https://www.conjur.com.br/dl/leia-voto- alexandre-moraes.pdf>. Acesso em 13 nov 2019.

Dessa forma, o Ministro julgou improcedente as ADCs de nº 43, 44 e 54, "no sentido de conceder interpretação conforme à Constituição Federal ao artigo 283 do CPP[164], de maneira a se admitir o início da execução da pena, seja privativa de liberdade, seja restritiva de direitos, após decisão condenatória proferida por Tribunal de 2º grau de jurisdição."[165]

O voto do Ministro foi seguido pelos ministros Luiz Edson Fachin, Luís Roberto Barroso, Luiz Fux e Cármen Lúcia, no que toca a possibilidade de execução provisória da pena após julgamento em segunda instância.

O Ministro Luiz Edson Fachin ponderou que:

> O legislador, sob pena de usurpação da competência constitucional dos tribunais superiores e de ofensa à supremacia da lei, não pode retirar a presunção de constitucionalidade e de vigência das leis que fundamentam o juízo condenatório. Não há faculdade do legislador para dispor sobre a inexistência, como regra, de efeito suspensivo nos recursos especial e extraordinário. A literalidade do dispositivo cede à sua manifesta inconstitucionalidade.[166]

---

[164] BRASIL. op. cit. nota 67.
[165] Ibid.
[166] CONJUR. *Fachin também diverge de Marco Aurélio e vota pela prisão em 2ª instância*. Disponível em: <https:// www.conjur.com.br/dl/leia-voto-edson-fachin.pdf>. Acesso em: 02 jan 2020.

Em seu voto destacou ainda que o estado de coisas no qual se encontra o sistema carcerário não pode servir de fundamento "para interpretação das regras penais e processuais penais"[167].

O Ministro votou pela improcedência integral das ADCs nº 43, 44 e 54 sob o fundamento de que é inconstitucional a regra do art. 283 do CPP[168] que prevê o trânsito em julgado da sentença penal condenatória para a execução da pena.

Segundo o Ministro é "coerente com a Constituição da República brasileira o principiar de execução criminal quando houver condenação confirmada em segundo grau, salvo atribuição expressa de efeito suspensivo ao recurso cabível"[169].

O Ministro Luís Roberto Barroso proferiu seu voto no seguinte sentido de:

> interpretar conforme a Constituição o art. 283 do Código de Processo Penal —estou julgando parcialmente procedente a ação – para excluir a interpretação que impeça a possibilidade de execução de condenação criminal depois do segundo grau, porque acho que essa é a interpretação mais adequada da Constituição[170]

---

[167] Ibid.
[168] BRASIL. op. cit. nota 67.
[169] Ibid.
[170] CONJUR. *Leia o voto do ministro Barroso sobre prisão após segunda instância*. Disponível em: < https://www. conjur.com.br/dl/leia-voto-ministro-barroso-execucao.pdf>. Acesso em: 02 jan 2020.

Para o Ministro Barroso "a presunção de inocência é um princípio, e não uma regra absoluta, que se aplique na modalidade tudo ou nada."[171] Segundo o Ministro, após a decisão em segunda instância não há mais dúvidas acerca da autoria e materialidade.

Argumentou ainda que, "a execução da pena é uma exigência de ordem pública para a preservação da credibilidade da justiça".[172] Com esses argumentos, o Ministro fundamentou sua decisão pela possiblidade da execução provisória da pena.

O Ministro Luiz Fux citou casos concretos que tiveram grande repercussão midiática tais quais o de Isabella Nardoni – morta pelo pai e pela madrasta- do menor Champinha- que assinou um casal de namorados, tendo mantido em cárcere privado e estuprado a moça- e do ex-jornalista Antônio Marcos Pimenta Neves, que matou a namorada, afirmando que "perpassam pela lógica razoável de aguardar o trânsito em julgado para iniciar a execução".[173]

Segundo o Ministro "o que a Constituição quer dizer é: até o trânsito em julgado, o réu tem condições de provar sua inocência.

---

[171] Ibid.
[172] Ibid.
[173] CONJUR. *Fux defende, mais uma vez, manutenção da prisão em segunda instância*. Disponível em: <https://www.conjur.com.br/2019-out-24/fux-defende-novamente-manutencao-prisao-instancia>. Acesso em: 02 jan 2020.

À medida em que o processo vai tramitando, essa presunção de inocência vai sendo mitigada. Há uma gradação"[174]. Dessa forma, o ministro votou pela improcedência das ADCs.

A Ministra Cármen Lúcia ponderou que:

> A eficácia do direito penal afirma-se, na minha compreensão, pela definição dos delitos e pela certeza do cumprimento das penas. Se não se tem a certeza de que a pena será imposta, de que será cumprida, o que impera não é a incerteza da pena, mas a certeza ou pelo menos a crença na impunidade.[175]

Assim, a Ministra Cármen Lúcia votou pela improcedência das ADCs afirmando que a execução provisória da pena não afronta a regra constitucional da presunção de inocência.

Os Ministros Ricardo Lewandowski, Rosa Weber, Gilmar Mendes, Celso de Melo e Dias Toffoli acompanharam o voto do relator no sentido da constitucionalidade do art. 283 do CPP[176], o que impossibilita a execução provisória da pena.

A Ministra Rosa Weber ponderou que:

> o princípio da presunção da inocência, nessa versão moderna, tem um significado diverso do mero adágio *in dubio pro reo*, traduzindo, a formulação, a ideia de que a responsabilidade criminal deve ser provada acima de qualquer dúvida razoável, o que impõe, com acerto, um

---

[174] Ibid.
[175] CONJUR. *Cármen Lúcia vota a favor da prisão após condenação em 2ª instância*. Disponível em: < https:// www.conjur.com.br/2019-nov-07/carmen-lucia-vota-favor-prisao-instancia>. Acesso em: 02 jan 2020.
[176] BRASIL. op. cit. nota 67.

pesado ônus probatório à acusação.[177]

Além disso, ressaltou que não cabe ao Judiciário suprimir uma garantia constitucional conferida pelo legislador com a escusa de dar interpretação conforme à Constituição Federal.

A Ministra ainda ponderou que o clamor popular pela celeridade no processo penal não pode se sobrepor a Constituição. E assentou em seu voto que:

> A sociedade reclama, e com razão, que processo penal ofereça uma resposta célere e efetiva. Tal exigência, no entanto, não pode ser atendida ao custo da supressão das garantias fundamentais asseguradas no Texto Magno, garantias estas lá encartadas para proteger do arbítrio e do abuso os membros dessa mesma sociedade.[178]

Dessa forma, a Ministra Rosa Weber julgou procedentes as ações declaratórias "para declarar a constitucionalidade do art. 283 do Código de Processo Penal, na redação conferida pela Lei nº 12.403/2011."[179]

---

[177] CONJUR. *Leia o voto da ministra Rosa Weber sobre a prisão em segunda instância*. Disponível em: < https://w ww.conjur.com.br/2019-out-25/leia-voto-ministra-rosa-weber-prisao-instancia>. Acesso em: 13 nov 2019.
[178] Ibid.
[179] Ibid.

Ricardo Lewandowski sedimentou seu voto sob o fundamento de que "Ninguém será considerado culpado até o trânsito em julgado de sentença criminal condenatória, o que, a toda a evidência, subentende decisão final dos tribunais superiores."[180]

Asseverou que o Brasil é signatário da Declaração Universal dos Direitos do Homem de 1948, na qual prevê a regra de proibição do retrocesso em matéria de direitos e garantias fundamentais, que segundo o Ministro são aplicáveis ao caso concreto.

Dessa forma, o Ministro decidiu que "em face do exposto, outra não pode ser a minha conclusão se não a de que o art. 283 do Código de Processo Penal é plenamente compatível com a Constituição em vigor, razão ela qual me pronuncio no sentido de julgar inteiramente procedentes as ADCs 43, 44 e 54 sob exame."[181]

Em seu voto o Ministro Gilmar Mendes afirmou que "o que o STF decidiu em 2016 era que dar-se-ia condição para executar a decisão a partir do julgado em segundo grau. Ou seja, decidiu- se que a execução da pena após condenação em segunda instância seria possível, mas não imperativa".[182]

---

[180] CONJUR. *Leia o voto do ministro Ricardo Lewandowski sobre prisão em 2ª instância.* Disponível em: <https://www.conjur.com.br/dl/lewandowski-entende-prisao-instancia.pdf>. Acesso em: 02 jan 2020.

[181] Ibid.

[182] CONJUR. *Ninguém será considerado culpado até o trânsito em julgado, vota Gilmar Mendes.* Disponível em: < https://www.conjur.com.br/2019-nov-07/gilmar-mendesvota-execucao-antecipada-pena>. Acesso em: 13

Além disso, o Ministro Gilmar Mendes externalizou sua preocupação com a possibilidade de "prisões automáticas, sem devida especificação e individualização dos casos concretos"[183]. Com esses fundamentos o Ministro proferiu seu voto da seguinte forma:

> Diante do exposto, acompanho o relator, para julgar procedente o pedido desta ADC, de modo a declarar a constitucionalidade do artigo 283 do Código de Processo Penal, determinando que "ninguém poderá ser preso senão em flagrante delito ou por ordem escrita e fundamentada da autoridade judiciária competente, em decorrência de sentença condenatória transitada em julgado ou, no curso da investigação ou do processo, em virtude de prisão temporária ou prisão preventiva.[184]

O decano do Tribunal, o Ministro Celso de Melo, proferiu seu voto com o fundamento de que a presunção de inocência se qualifica como um direito público e subjetivo e que qualquer indivíduo deve ser considerado inocente até que se ocorra o trânsito em julgado da sentença penal condenatória, pois é só nesse momento que cessará a presunção de inocência prevista expressamente no texto constitucional. Balizado nesse entendimento, o Ministro conclui o voto da seguinte forma:

> [...] peço vênia para julgar procedentes os pedidos deduzidos nestas ações declaratórias de

---

nov 2019.
[183] Ibid.
[184] Ibid.

> constitucionalidade, reafirmando, assim, no que concerne à interpretação do art. 283 do CPP, na redação dada pela Lei n° 12.403/2011, a tese segundo a qual a execução provisória (ou prematura) da sentença penal condenatória, mesmo aquela emanada do Tribunal do Júri, 75
>
> Em elaboração ADC 43 / DF revela-se frontalmente incompatível com o direito fundamental do réu de ser presumido inocente até que sobrevenha o trânsito em julgado de sua condenação criminal, tal como expressamente assegurado pela própria Constituição da República (CF, art. 5°, LVII).[185]

Presidente da Suprema Corte, Dias Toffoli proferiu o voto de minerva que culminou para a retomada do entendimento pela impossibilidade da execução provisória da pena. Em seu voto o Ministro Dias Toffoli, afirmou que na área penal, ninguém será preso antes do trânsito em julgado, conforme "demonstrou a vontade do legislador" na Lei n°12.403/2011.

Para ele, a norma não precisa de "interpretação conforme", mas sim como prevista na Constituição. Para o Ministro no julgamento das ADCs se analisou abstratamente o artigo 283 do CPP[186] e se seu texto é compatível com a Constituição.

---

[185] CONJUR. *Com voto pela presunção de inocência, Celso é contra prisão em 2ª instância*. Disponível em: <https://w ww.conjur.com.br/dl/voto-celso-mello2.pdf>. Acesso em: 02 jan 2020.
[186] BRASIL. op. cit. nota 67.

De acordo com o Ministro essa é a vontade do Parlamento quando da edição da regra posta em julgamento e que seu voto estava sendo proferido em "deferência ao Parlamento."[187]

Dessa forma, o Ministro votou pela procedência das ADCs, no sentido de declarar o artigo 283 do CPP[188] constitucional.

Pelos votos vencidos percebe-se a postura ativista dos Ministros que os proferiram, uma vez que parte dos fundamentos se pautavam em questões de "clamores populares", "sentimento de impunidade", e, até mesmo casos concretos, com grandiosa repercussão midiática foram usados como argumento para legitimar a execução provisória da pena.

Conforme salientado pela Ministra Rosa Weber nenhuma pretensa interpretação conforme à Constituição pode servir de fundamento para extirpar direitos e garantias expressamente previstas no texto constitucional.

---

[187] CONJUR. *Voto de Toffoli faz Suprmeo suspender a execução antecipada da pena.* Disponível em:< https://www.conjur.com.br/2019-nov-07/voto-toffoli-derruba-entendimento-prisao-instancia>. Acesso em: 02 jan 2020.
[188] BRASIL. op. cit. nota 67.

Ao declarar constitucional o art. 283 do CPP[189], por 6 votos a 5, e retomar o entendimento de que não pode haver execução provisória da pena o STF retomou a ordem constitucional, em decisão que seguiu as regras e parâmetros decisórios estabelecidos, trazendo novamente segurança jurídica ao ordenamento jurídico brasileiro.

A presunção de inocência além de ser regra expressa no art.5º, LVII da CRFB/88[190] é cláusula pétrea que não pode ser modificada sequer por emenda à Constituição, além disso, é padrão decisório a ser seguido, pois de acordo com a teoria dworkiniana de direito como integridade o caso concreto terá sua resolução pela regra prevista no ordenamento jurídico, privilegiando assim o tratamento isonômico entre os jurisdicionados e a segurança jurídica.

Identificado o marco caracterizador do ativismo judicial nas decisões analisadas, proferidas nos *HCs* de nº 126.292[191] e 152.752[192] proceder-se-á para a análise de outras decisões do STF com o escopo de se verificar a inexistência do marco caracterizador do ativismo judicial brasileiro, qual seja, a inovação na lei e a inobservância dos parâmetros decisórios, portanto, não sendo as decisões analisadas no próximo capítulo, decisões ativistas.

---

[189] Ibidem.
[190] BRASIL. op. cit., nota 46.
[191] BRASIL. op cit., nota 141.
[192] BRASIL. op. cit., nota 142.

Para isso analisar-se-ão no próximo capítulo os Res de nº 878.694 e 646.721[193], julgados pelo STF com o escopo de se identificar a técnica de julgamento utilizada pelo Supremo para se chegar à decisão estabelecida.

3. O JULGAMENTO DOS REs 878.694 e 646.721 E A AUTOCONTENÇÃO

Por uma análise da evolução do direito civil, vez que é esse ramo que regula as relações privadas, mais especificamente as relações de família e direito das sucessões.

Matérias que foram apreciadas nos REs[194], em tela apreciadas nos análise essa feita à luz da teoria dworkiniana de direito como integridade. É possível observar que o julgamento foi feito com base no direito como integridade.

---

[193] BRASIL. Supremo Tribunal Federal. *Repercusão geral no Recurso Extraordinário 878.694 Minas Gerais*. Dispo nível em: <http://portal.stf.jus.br/processos/downloadPeca.asp?id=306841295&ext=.pdf>. Acesso em: 24 mai 2019 BRASIL. Supremo Tribunal Federal. *Recurso Extraordinário 646.721 Rio Grande do Sul*. Disponível em: <http://redir.stf.jus.br/paginadorpub/paginador.jsp?docTP=TP&docID=13579050>. Acesso em: 24 mai 2.

[194] Ibid.

3.1 O surgimento da doutrina denominada direito civil constitucional

Não havia no ordenamento jurídico brasileiro a noção de que a Constituição Federal é a norma central do ordenamento que irradia os fundamentos para os outros ramos do direito, devendo a legislação infraconstitucional seguir os parâmetros estabelecidos pela Constituição Federal, pois é dela que se retiram os fundamentos e diretrizes para as leis infraconstitucionais, devendo essas leis serem compatíveis com o texto constitucional.

Dessa forma, em 05 de outubro de 1988 quando houve a promulgação da Constituição Federal levou-se um tempo até que a doutrina e o ordenamento a visse como diploma mor.

A CRFB/88 inaugurou nosso atual Estado Democrático de Direito e até que doutrina civilista brasileira e jurisprudência dos Tribunais Superiores se firmassem no sentido de que a CRFB/88 de fato poderia ser a bússola do ordenamento jurídico por ostentar qualidade de democrática e de resguardar direitos e garantias fundamentais, o Código Civil de 1916 permaneceu no centro do ordenamento, nos anos iniciais de vigência da CRFB/88[195].

---

[195] BRASIL. op. cit., nota 46.

Tepedino[196] assevera que a doutrina civilista buscou responder como seria possível uma compatibilização do direito civil e nessa época o direito civil era visto com cunho patrimonialista e privado e a *novel* Constituição Federal que mitigava a característica patrimonialista e privada do direito civil.

Ao introduzir, por exemplo, a norma constitucional de que a propriedade deveria cumprir sua função social[197], e, prevendo sanção de perda da propriedade ao proprietário que não segue aludido mandamento constitucional[198], configurando efetiva limitação ao direito da propriedade e abandonando a antiga premissa de que ele era absoluto.

---

[196] TEPEDINO, Gustavo. *Premissas metodológicas para a constitucionalização do direito civil*. Disponível em: <http:/www.tepedino.adv.br/tep_artigos/premissas-metodologicas-para-a-constitucionalizacao-do-direito-civil/>. Acesso em: 05 abr 2019

[197] BRASIL. op. cit., nota 46.Art. 186. A função social é cumprida quando a propriedade rural atende, simultaneamente, segundo critérios e graus de exigência estabelecidos em lei, aos seguintes requisitos:
I - aproveitamento racional e adequado;
II - utilização adequada dos recursos naturais disponíveis e preservação do meio ambiente; III - observância das disposições que regulam as relações de trabalho;
IV - exploração que favoreça o bem-estar dos proprietários e dos trabalhadores.
[198] BRASIL. op. cit., nota 46. Art. 184. Compete à União desapropriar por interesse social, para fins de reforma agrária, o imóvel rural que não esteja cumprindo sua função social, mediante prévia e justa indenização em títulos da dívida agrária, com cláusula de preservação do valor real, resgatáveis no prazo de até vinte anos, a partir do segundo ano de sua emissão, e cuja utilização será definida em lei.

Por conseguinte, Tepedino observa que a doutrina civilista passou a adjetivar o direito privado como socializado, publicizado, constitucionalizado, despatrimonizado, com o intuito de demonstrar uma absorção do direito privado pelo direito público[199].

O Código Civil de 1916 foi inspirado no Código Civil francês, que ficou conhecido como Código de Napoleão tendo como premissas regentes o individualismo e voluntarismo, possuindo como valor fundamental o indivíduo.

A filosofia que marcou o Código Civil de 1916 foi a atuação dos sujeitos de direito contratante e proprietário, que estavam preocupados com os anseios de contratar livremente, fazer circular riquezas e adquirir bens sem entraves legais[200].

Tepedino consigna que houve uma profunda alteração da dogmática do direito privado, com os avanços dos fatos sociais, passou-se a exigir do legislador, dos aplicadores do direito e da doutrina uma preocupação com o conteúdo e também com as finalidades desenvolvidas pelo sujeito de direito.[201]

---

[199] TEPEDINO, Gustavo. *Premissas metodológicas para a constitucionalização do direito civil*. Disponível em: <http://www.tepedino.adv.br/tep_artigos/premissas-metodologicas-para-a-constitucionalizacao-do-direito-civil/>. Acesso em: 05 abr 2019.
[200] Ibid
[201] TEPEDINO, Gustavo. *Premissas metodológicas para a constitucionalização do direito civil*. Disponível em: <http://www.tepedino.adv.br/tep_artigos/premissas-metodologicas-para-a-constitucionalizacao-do-direito-civil/>. Acesso em: 05 abr 2019.

A partir do processo de industrialização, que teve seu curso na primeira metade do século XX, bem como os crescentes dos movimentos sociais impulsionadas pelas dificuldades econômicas, que ensejavam uma intervenção do legislador, as Cartas políticas e as grandes constituições do pós-guerra tiveram a introdução de princípios e normas que estabeleciam deveres sociais na atividade econômica privada. As Constituições então passam a emergir como diploma disposto a demarcar os limites da autonomia privada, da propriedade e do controle de bens.[202]

O Código Civil então passa a perder seu protagonismo no que tange a regulamentação do direito privado, que passa a ser visto não mais numa dualidade estanque entre o direito público e privado, mas como um ramo do ordenamento e como tal passível de regulamentação pela Constituição que passa a assumir um protagonismo no sentido de tornar-se o diploma central dos ordenamentos jurídicos.

No mesmo sentido de Tepedino[203], Maria Celina Bodin de Moraes argumenta que há uma incerteza acerca dos limites do direito público e privado, sustenta que havia relações claramente pré-definidas entre o direito público e o direito privado e que as duas esferas eram "praticamente impermeáveis"[204].

---

[202] Ibid.
[203] TEPEDINO, Gustavo. *Premissas metodológicas para a constitucionalização do direito civil*. Disponível em:<http //www.tepedino.adv.br/tep_artigos/premissas-metodologicas-para-a-constitucionalizacao-do-direito-civil/>. Acesso em: 05 abr 2019.
[204] BODIN DE MORAES, Maria Celina. Constituição e Direito Civil:

Contudo, devido aos progressos, surgiram incertezas acerca dessas relações entre direito público e privado, Maria Celina Bodin de Moraes argumenta que esses progressos lavaram a disseminações de incerteza acerca dos "parâmetros tradicionais e consolidados, e que vêm propondo a criação de novos valores bem como, em consequência, engendrando novas e acessas controvérsias jurídicas, a ponto de se considerar estabelecido um novo paradigma: o da chamada pós-modernidade."[205]

Tepedino observa que "o percurso evolutivo dos institutos do direito privado é a demonstração eloquente desse processo."[206] O protagonismo em torno do sujeito de direito no Código Civil "cede a atenção do legislador especial para com as atividades, seus riscos e impacto social, e para a forma de utilização dos bens disponíveis, de maneira a assegurar resultados sociais pretendidos pelo Estado."[207]

Tendências. *Revista dos Tribunais*. v. 779/ 2000. p. 47- 63 set. 2000. Doutrinas Essenciais Obrigações e Contratos. vol. 3 p. 343 - 364. jun. 2011.
[205] Ibid.
[206] [201]TEPEDINO, Gustavo. *Premissas metodológicas para a constitucionalização do direito civil*. Disponível em:<http //www.tepedino.adv.br/tep_artigos/premissas-metodologicas-para-a-constitucionalizacao-do-direito-civil/>. Acesso em: 05 abr 2019
[207] Ibid.

Essa sistemática é consagrada, no ordenamento jurídico brasileiro, com a promulgação da Constituição de 1988, "que inaugura uma nova fase e um novo papel para o Código Civil, a ser valorado e interpretado com inúmeros diplomas setoriais, cada um deles com vocação universalizante."[208]

Tepedino alude que com a entrada em vigor do Código de Defesa do Consumidor, bem como do Estatuto da Criança e do Adolescente o direito civil perde a "cômoda unidade sistemática antes, assentada no Código Civil de 1916.

A teoria geral dos contratos já não atende mais as necessidades próprias da sociedade de consumo, da contratação em massa, da contratação coletiva."[209]

Maria Celina Bodin de Moraes, no mesmo sentido de Tepedino, argumenta que:

> Em íntima conexão com o fim da generalização dos conteúdos da razão prática (isto é, da ética) está o enfraquecimento, por vezes a desintegração, de modelos tradicionais, relativos à formação das identidades coletivas, como o Estado Nacional (basta pensar na União Europeia), as classes sociais, as crenças religiosas, os Partidos Políticos, os sindicatos. Este fenômeno acarreta, ainda, que categorias clássicas do direito constitucional, tais como "bem comum", "interesse público", "soberania", "lei", "direitos fundamentais", precisem ser repensadas. Do mesmo modo, como se verá

---

[208] Ibid.
[209] TEPEDINO, Gustavo. *Premissas metodológicas para a constitucionalização do direito civil*. Disponível em: <http://www.tepedino.adv.br/tep_artigos/premissas-metodologicas-para-a-constitucionalizacao-do-direito-civil/>. Acesso em 05 abr 2019.

igual necessidade se impõe com relação aos conceitos tradicionais do direito civil.[210]

Maria Celina Bodin de Moraes sustenta que com o advento das Constituições do Estados democráticos ao longo do século XX, os princípios do direito privado, bem como os princípios dos diversos ramos do direito passaram a fazer parte das Constituições.

E que a dignidade da pessoa humana passou a ser princípio reitor dos ramos do direito, "consagrando-lhe plena e absoluta eficácia também no contexto que a ela mais diz respeito, na ordem jurídica que regula suas relações mais importantes justamente porque são as relações que a tocam mais de perto, isto é, o direito civil."[211]

Tepedino sustenta que para haver uma constitucionalização do direito civil deve-se eliminar do vocabulário do interprete civilista a expressão "carta política" para se referir a Constituição, porque segundo o autor, "suscita uma perigosa leitura que acaba por relegar a Constituição a um programa longínquo de ação, destituindo-a de seu papel unificador do direito privado."[212]

---

[210] BODIN DE MORAES, Maria Celina. *Constituição e Direito Civil: Tendências*. Revista dos Tribunais. vol 779/ 2000. p. 47- 63 set. 2000. Doutrinas Essenciais Obrigações e Contratos. vol. 3 p. 343 - 364. jun. 2011.
[211] Ibid.
[212] TEPEDINO, Gustavo. *Premissas metodológicas para a constitucionalização do direito civil.* Disponível em: <http://www.tepedino.adv.br/tep_artigos/premissas-metodologicas-para-a-constitucionalizacao-do-direito-civil/>. Acesso em: 05 abr 2019

O autor conclui sua análise observando que:

> a intervenção direta do Estado nas relações de direito privado, por outro lado, não significa um agigantamento do direito público em detrimento do direito civil que, dessa forma, perderia espaço, como temem alguns. Muito ao contrário a perspectiva de interpretação civil-constitucional permite que sejam revigorados os institutos do direito civil, muitos deles defasados da realidade contemporânea e por isso mesmo relegados ao esquecimento e à ineficácia, repotencializando-os, de molde a torná-los compatíveis com as demandas sociais e econômicas da sociedade atual.[213]

Por fim, adverte que a adjetivação do direito civil como socializado, constitucionalizado, despatrimonizado deve se tratar em uma palavra que estabelece novos parâmetros para a redefinição de ordem pública, dando ao direito civil uma releitura à luz da Constituição.

De maneira a privilegiar os valores não patrimoniais, particularmente a dignidade da pessoa humana, "o desenvolvimento da sua personalidade, os direitos sociais e a justiça distributiva, para cujo atendimento deve se voltar a iniciativa econômica privada e as situações jurídicas patrimoniais."[214]

A análise de Tepedino acerca do direito civil-constitucional foi feita sob a égide do Código Civil de 1916[215].

---

[213] Ibid.
[214] Ibid.
[215] A primeira versão do trabalho premissas metodológicas para a constitucionalização do Direito Civil foi feita para uma aula inaugural do

Em 11 de janeiro de 2003 entrou em vigor o novo Código Civil- CC/02-, insta salientar que apesar de ter sido aprovado apenas em 11 de janeiro de 2002, o projeto no qual originou o atual Código Civil é de 1975[216].

Contudo, houve uma mudança significativa entre o Código Civil revogado e o novo Código, principalmente no que tange ao tratamento dado ao companheiro, uma vez que a própria Constituição Federal prevê igualdade entre cônjuge e companheiro e seguindo a lógica do direito civil constitucional o legislador, buscou refletir esse fenômeno no novo Código.

Ademais, como dito alhures, o projeto era do ano de 1975, e a sociedade até a entrada em vigor do novo Código passou por profundas mudanças[217], e ainda passa, principalmente quanto as relações atinentes ao direito de família, que devem refletir os fatos sociais percebidos naquela sociedade.

---

ano acadêmico de 1992, proferida no salão nobre da Faculdade de Direito do Estado do Rio de Janeiro, em 12 de março de 1992 e republicada com a entrada em vigor do Código Civil de 2002 no ano de 2006.
[216] BRASIL. Senado Federal. *Novo Código Civil exposição de motivos e texto sancionado*. Disponível em: <http://www2.senado.leg.br/bdsf/bitstream/handle/id/70319/743415.pdf?sequence=2>. Acesso em: 24 mai 2019.
[217] Uma das maiores mudanças observadas foi o fim da ditadura militar e a redemocratização do país que culminou com a promulgação da Constituição da República Federativa do Brasil em 05 de outubro de 1988. Também houve uma maior emancipação do papel feminino na sociedade, bem como mudanças tecnológicas no Brasil e no mundo que impactaram a sociedade.

No entanto, o novo Código Civil, incorporou ao seu corpo legislativo a teoria do direito civil-constitucional, já que o novo diploma passou a prever a função social dos contratos, da empresa e da propriedade, o que ilustra a internalização dos preceitos constitucionais no direito privado.

Destarte, mesmo que o Código Civil de 2002 não tenha observado todas as regras e os preceitos constitucionais inaugurados pela CRFB/1988, cabe a jurisprudência dos Tribunais e principalmente ao Supremo, pois esse ostenta papel de guardião da Constituição, dar interpretação conforme a Constituição as normas de direito civil.

E, seguindo a lógica dworkiniana de direito como integridade, o ordenamento nada mais faz do que seguir as regras e parâmetros estabelecidos pela Constituição, configurando verdadeiro exercício de jurisdição balizado nas regras de julgamento previamente estabelecidas pelo legislador.

Como dito anteriormente, o Código Civil de 2002 trouxe profundas mudanças nas relações patrimoniais, inspirado pela Constituição que assegura a igualdade, o Código Civil foi inspirado pelos princípios constitucionais e as regras trazidas pela Constituição Federal de 1988 irradiou para o Código Civil de 2002 e, nessa toada, o Código Civil mudou o tratamento conferido ao companheiro, mudança essa que será analisada no tópico a seguir.

3.2 A mudança jurídica do tratamento dado ao companheiro

Sob a égide do Código Civil de 1916, a união não matrimonial era denominada de "concubinato", expressão que carregava em sua etimologia carga pejorativa.

Havia dois tipos de concubinato, o puro, decorrente da relação entre pessoas que não tinham impedimentos legais para o casamento e o impuro, designado para pessoas que possuíam impedimentos legais para o casamento.

Com o advento da CRFB/88, a ideia de família foi acertadamente ampliada, já que o direito deve tutelar as relações sociais existentes e a elas dar proteção, o concubinato puro passou a ser admitido como núcleo familiar, sendo etimologicamente nomeado de união estável e regulado pelo art. 226, § 3° da CRFB/88[218].

Em seu art. 226, §3°[219] a CRFB/88 prevê que a será facilitada a conversão da união estável em casamento, contudo, isso não quer dizer que há uma hierarquia entre união estável e casamento capaz de operar uma diferenciação entre os dois institutos.

Como preleciona Alexandre Câmara[220] em seu artigo "União estável hetero ou homoafetiva: relação matrimonial sem casamento".

---

[218] BRASIL. op. cit., nota 46.
[219] Ibid. art. 226 A família, base da sociedade, tem especial proteção do Estado. (...) § 3º Para efeito da proteção do Estado, é reconhecida a união estável entre o homem e a mulher como entidade familiar, devendo a lei facilitar sua conversão em casamento. (Regulamento) (...).
[220] CÂMARA, Alexandre Freitas. União Estável" hetero ou homoafetiva: relação matrimonial sem casamento. *Revista trimestral de direito civil*. V.50 (abril/junho 2012) – Rio de Janeiro: Padma, 2000.

Câmara começa seu artigo asseverando que sua visão acerca do que se convencionou chamar de "união estável" é diferente da que usualmente se encontra tanto em doutrina quanto em jurisprudência.[221] Câmara observa que em sede doutrinária "se tem feito a afirmação de que a palavra 'casamento' tanto pode designar um ato quanto uma relação."[222]

Câmara pondera que o "ato solene praticado perante uma autoridade oficiante competente destinado a inaugurar uma relação familiar"[223] não pode ser confundido "com a própria relação jurídica que se estabelece entre um homem e uma mulher[224]".

Contudo, normalmente ambos são chamados de casamento ou matrimônio.

Por esse motivo, argumenta que é possível estabelecer uma distinção entre esses dois fenômenos, dada a riqueza da língua portuguesa, e dessa forma, o ato solene pode ser nomeado como casamento e a relação jurídica pode receber a nomenclatura de matrimônio.[225]

---

[221] Ibid. p. 257.
[222] Ibid. p. 258.
[223] Ibid.
[224] Apesar de citar a união entre homem e mulher, o autor defende no aludido artigo a união entre pessoas do mesmo sexo sob os argumentos de proteção aos direitos a igualdade e a liberdade.
[225] CÂMARA, Alexandre Freitas. União Estável" hetero ou homoafetiva: relação matrimonial sem casamento. *Revista trimestral de direito civil.* V.50 (abril/junho 2012) – Rio de Janeiro: Padma, 2000

Câmara sustenta que a partir do modelo de família inaugurado pela CRFB/88 não há razão para estabelecer distinção entre matrimônios iniciados com ou sem casamento.[226] Para ele há diferenças entre casamento e união estável, afirmando que "tendo sido celebrado o casamento, não haverá jamais dúvida sobre o termo inicial da relação matrimonial".[227] Também não haverá dúvida acerca da constituição da relação jurídica, asseverando que o casamento tem uma "importantíssima função probatória."[228]

Por Câmara estabelecida a existência da relação familiar- denominada de matrimônio pelo autor-, os efeitos são os mesmos, não importando se a relação tenha sido inaugurada solenemente pelo casamento ou não.[229]

Isso tem como resultado "a total equiparação entre cônjuges- sujeitos do matrimônio inaugurado pelo casamento- e companheiros- sujeitos do matrimônio inaugurados sem o casamento."[230]

---

[226] Ibid. p. 259.
[227] Ibid.
[228] CÂMARA, Alexandre Freitas. União Estável" hetero ou homoafetiva: relação matrimonial sem casamento. *Revista trimestral de direito civil*. V.50 (abril/junho 2012) – Rio de Janeiro: Padma, 2000.
[229] Ibid.
[230] Ibid.

Para Câmara o comando constitucional que impõe o dever de facilitar a conversão da união estável em casamento destina-se "a impor ao legislador o dever de editar lei que facilite, para os companheiros, a celebração do casamento" como, por exemplo, dispensá-los do processo de habilitação para o ato solene do casamento. Tal comando, de acordo com o autor, foi cumprido pelo art. 1726 do CC/02.[231]

O autor aponta duas consequências da equiparação entre matrimônio com casamento e matrimônio sem casamento, quais sejam: a aplicação da regulamentação dos efeitos do matrimônio a união estável.

Sem a necessidade de diplomas normativos para discipliná-la e a "inconstitucionalidade de qualquer dispositivo legal que estabeleça distinção de tratamento entre cônjuges e companheiros", ilustrando que como corolário dessa consequência o art. 1790 do CC/02 é inconstitucional, uma vez que estabelece "vocação hereditária dos companheiros, impondo-lhes tratamento diferente do estabelecido para os cônjuges". [232]

Com as regulamentações estabelecidas pela CRFB/88[233] a figura do companheiro passou a ser incorporada e regulamentada no ordenamento brasileiro e a legislação infraconstitucional passou a conferir o mesmo tratamento dispensado ao cônjuge.

---

[231] CÂMARA, Alexandre Freitas. União Estável" hetero ou homoafetiva: relação matrimonial sem casamento. *Revista trimestral de direito civil.* V.50 (abril/junho 2012) – Rio de Janeiro: Padma, 2000. p. 260.
[232] Ibid.

A lei do inquilinato - Lei nº 8245/91[234]-, conferiu tratamento idêntico a cônjuge e companheiro em sua redação, tal lei foi promulgada após o advento da CRFB/88[235] e seguiu o princípio constitucional da igualdade a não fazer diferenciações inconstitucionais entre cônjuge e companheiro. Nesse sentido os arts. 11 e 12 da lei do inquilinato:

> Art. 11. Morrendo o locatário, ficarão sub-rogados nos seus direitos e obrigações:
>
> I - nas locações com finalidade residencial, o cônjuge sobrevivente ou o companheiro e, sucessivamente, os herdeiros necessários e as pessoas que viviam na dependência econômica do *de cujus*, desde que residentes no imóvel;
> II - nas locações com finalidade não residencial, o espólio e, se for o caso, seu sucessor no negócio.[236]
> Art. 12. Em casos de separação de fato, separação judicial, divórcio ou dissolução da sociedade concubinária, a locação prosseguirá automaticamente com o cônjuge ou companheiro que permanecer no imóvel.
>
> Parágrafo único. Nas hipóteses previstas neste artigo, a sub-rogação será comunicada por escrito ao locador, o qual terá o direito de exigir, no prazo de trinta dias, a substituição do fiador ou o oferecimento de qualquer das garantias previstas nesta lei. (Redação original da lei em 1992 quando dá sua entrada em vigor, que já previa a igualdade entre companheiros e cônjuges, seguindo assim o padrão de igualdade estabelecido pela

---

[233] BRASIL op. cit., nota 46.
[234] BRASIL. *Lei nº 8245*. Disponível em: <http://www.planalto.gov.br/ccivil_03/leis/l8245.htm>. Acesso em: 24 mai 2019.
[235] BRASIL op. cit., nota 46.
[236] BRASIL. op. cit., nota 234.

CRFB/88)

> Art. 12. Em casos de separação de fato, separação judicial, divórcio ou dissolução da união estável, a locação residencial prosseguirá automaticamente com o cônjuge ou companheiro que permanecer no imóvel. (Redação dada pela Lei nº 12.112, de 2009)[237]

A doutrina também consolidou entendimento de que não há diferenciação entre cônjuge e companheiro. Nesse sentido, os enunciados de nº 97 e 99 da I jornada de Direito Civil da CJF:

> Enunciado nº 97: "No que tange à tutela especial da família, as regras do Código Civil que se referem apenas ao cônjuge devem ser estendidas à situação jurídica que envolve o companheiro, como, por exemplo, na hipótese de nomeação de curador dos bens do ausente (art. 25 do Código Civil)".[238]
> Enunciado nº 99: "O art. 1.565, § 2º, do Código Civil não é norma destinada apenas às pessoas casadas, mas também aos casais que vivem em companheirismo, nos termos do art. 226, caput, §§ 3º e 7º, da Constituição Federal de 1988, e não revogou o disposto na Lei n. 9.263/96."[239]

---

[237] Ibid.
[238] BRASIL. *Enunciado nº 97 CJF*. Disponível em: <https://www.cjf.jus.br/enunciados/enunciado/728>. Acesso em: 24 mai 2019.
[239] BRASIL. *Enunciado nº 99 CJF*. Disponível em < https://www.cjf.jus.br/enunciados/enunciado/730>. Acesso em: 24 mai 2019.

Seguindo essa tendência o legislador ao incluir o instituto da usucapião familiar[240] no ordenamento jurídico, também inseriu norma no CC/02[241] que confere o mesmo tratamento ao cônjuge e companheiro:

> Art. 1.240-A. Aquele que exercer, por 2 (dois) anos ininterruptamente e sem oposição, posse direta, com exclusividade, sobre imóvel urbano de até 250m² (duzentos e cinquenta metros quadrados) cuja propriedade divida com ex-cônjuge ou ex-companheiro que abandonou o lar, utilizando-o para sua moradia ou de sua família, adquirir-lhe-á o domínio integral, desde que não seja proprietário de outro imóvel urbano ou rural. (Incluído pela Lei nº 12.424, de 2011)[242]

Dessa forma, a legislação infraconstitucional seguiu a doutrina dworkiniana de direito como integridade ao legislar com base nos padrões e normas já existentes e expresso pelo legislador no texto constitucional. Criando assim um sistema legislativo harmônico com base nas regras e normas existentes no ordenamento jurídico e principalmente em homenagem ao princípio da igualdade insculpido no texto constitucional.

---

[240] A usucapião familiar é uma espécie de aquisição da propriedade que foi criada no Brasil pela Lei n° 12.424/2011, ao incluir o artigo 1.240-A no Código Civil.
[241] BRASIL. *Código Civil.* Disponível em: <http://www.planalto.gov.br/ccivil_03/leis/2002/l10406.htm>. Acesso em: 24 mai 2019
[242] Ibid.

Apesar da boa técnica legislativa que conseguiu seguir os parâmetros e normas estabelecidos para disciplinar o direito de cônjuges e companheiros na legislação infraconstitucional, havia situações no Código Civil que causavam essa diferenciação, pelo que já foi debatido anteriormente acerca do projeto do Código Civil ter sido elaborado em 1975, anterior, portanto, a CRFB/88[243].

No direito das sucessões o art. 1829 do CC/02[244] tratava da figura do cônjuge e, dessa forma, criava desigualdade na sucessão de companheiros e cônjuge, vez que o art. 1790 do CC/02[245] conferia tratamento diferenciado para o companheiro. Nesse sentido os artigos *in verbis*:

> Art. 1.829. A sucessão legítima defere-se na ordem seguinte: (Vide Recurso Extraordinário nº 646.721) (Vide Recurso Extraordinário nº 878.694)
>
> I - aos descendentes, em concorrência com o cônjuge sobrevivente, salvo se casado este com o falecido no regime da comunhão universal, ou no da separação obrigatória de bens (art. 1.640, parágrafo único); ou se, no regime da comunhão parcial, o autor da herança não houver deixado bens particulares;
> II - aos ascendentes, em concorrência com o cônjuge; III - ao cônjuge sobrevivente;
> IV - aos colaterais.[246]
>
> Art. 1.790. A companheira ou o companheiro participará da sucessão do outro, quanto aos bens adquiridos onerosamente na vigência da união estável, nas condições seguintes: (Vide

---

[243] BRASIL. op. cit., nota 46.
[244] BRASIL. op. cit., nota 241.
[245] Ibid.
[246] Ibid.

Recurso Extraordinário nº 646.721) (Vide Recurso Extraordinário nº 878.694)

> I - se concorrer com filhos comuns, terá direito a uma quota equivalente à que por lei for atribuída ao filho;
> II - se concorrer com descendentes só do autor da herança, tocar-lhe-á a metade do que couber a cada um daqueles;
> III - se concorrer com outros parentes sucessíveis, terá direito a um terço da herança;
> IV - não havendo parentes sucessíveis, terá direito à totalidade da herança.[247]

Por esse motivo foram manejados ao STF os Res de nº 878.694 e nº 646.721[248], com a finalidade de a Corte se posicionar acerca dessa diferenciação, visto que a CRFB/88 não estabeleceu aludida diferenciação entre cônjuges e companheiros, muito pelo contrário, a Constituição estabeleceu o princípio da igualdade. E dessa forma, os recorrentes alegavam a inconstitucionalidade desse artigo e que deveria ser dada interpretação conforme a CRFB/88 ao art.1829 do CC/02 e onde se lê ao cônjuge sobrevivente no inciso III do aludido artigo, ler-se-ia ao cônjuge ou companheiro, devido à ausência de hierarquia no ordenamento jurídico entre essas duas figuras, uma vez que a CRFB/88 as regulamentou de forma igualitária dando total proteção as diferentes entidades familiares.

É justamente acerca da interpretação conforme a Constituição que o próximo tópico tratará.

---

[247] Ibid.
[248] BRASIL. op. cit., nota 193.

3.3 O Controle de constitucionalidade não pode ser lido como ativismo judicial

Conforme dito anteriormente o texto constitucional positivou o princípio da igualdade, bem como, conferiu o mesmo tratamento jurídico à união estável e ao casamento[249], equiparando-os para todos os efeitos legais.

Dessa forma, os diplomas infraconstitucionais passaram a seguir essa disposição e regulamentaram as normas concernentes ao cônjuge e companheiro de forma a privilegiar o princípio constitucional da isonomia.

Como o CC/02 foi promulgado após a CRFB/88 não houve

---

[249] BRASIL. op. cit., nota 46. O art. 226 da CRFB/88 confere a mesma proteção jurídica ao casamento e a união estável e reconhece essa última como um dos tipos familiares dignos de proteção do ordenamento jurídico. Nesse sentido: Art.
226. A família, base da sociedade, tem especial proteção do Estado.
§ 1º O casamento é civil e gratuita a celebração.
§ 2º O casamento religioso tem efeito civil, nos termos da lei.
§ 3º Para efeito da proteção do Estado, é reconhecida a união estável entre o homem e a mulher como entidade familiar, devendo a lei facilitar sua conversão em casamento. (Regulamento)
§ 4º Entende-se, também, como entidade familiar a comunidade formada por qualquer dos pais e seus descendentes.
§ 5º Os direitos e deveres referentes à sociedade conjugal são exercidos igualmente pelo homem e pela mulher.
§ 6º O casamento civil pode ser dissolvido pelo divórcio, após prévia separação judicial por mais de um ano nos casos expressos em lei, ou comprovada separação de fato por mais de dois anos.
§ 6º O casamento civil pode ser dissolvido pelo divórcio. (Redação dada Pela Emenda Constitucional nº 66, de 2010)
§ 7º Fundado nos princípios da dignidade da pessoa humana e da paternidade responsável, o planejamento familiar é livre decisão do casal, competindo ao Estado propiciar recursos educacionais e científicos para o exercício desse direito, vedada qualquer forma coercitiva por parte de instituições oficiais ou privadas. Regulamento
§ 8º O Estado assegurará a assistência à família na pessoa de cada um dos que a integram, criando mecanismos para coibir a violência no âmbito de suas relações.

necessidade de recepção do novo Código Civil.

Contudo, como explanado anteriormente o projeto no qual culminou com a aprovação do CC/02 data do ano de 1975, e ocorreram diversas mudanças na sociedade, principalmente acerca da concepção do conceito de família[250] e na concepção do companheiro para a sociedade e o ordenamento jurídico.

Desse modo, havia no CC/02 dispositivos que disciplinavam tratamento diferente ao companheiro -art. 1790 do CC/02-, do conferido ao cônjuge no art. 1829 do CC/02.
Por exemplo, havia legislada a sucessão do cônjuge no art. 1829 do CC/02 e no art. 1790 do CC/02 havia legislada a sucessão do companheiro, isso acabava por gerar tratamento desigual a figuras que a CRFB/88, figura máxima do ordenamento jurídico, previu tratamentos igualitários.

---

[250] Abandou-se a ideia de família monoparental para a ideia das novas configurações das famílias brasileiras, nuclear, plural, recombinante e atualmente o novo modelo familiar vem sendo chamado, por alguns especialistas em sociologia, de "democrático". Modelo no qual não comporta mais uma definição rígida acerca do conceito de família, em que imperava a ideia do pátrio poder, entendido este como direitos absolutos do pai em face da criação e educação dos filhos. Esse modelo "democrático" rechaça qualquer ideia de preconceito, desigualdade e homogeneidade no que tange a concepção de família. As transformações familiares foram incorporadas à Constituição Federal de 1988, em que a família passa a ser protegida como instituição pelo papel privilegiado que exerce de promoção crescimento humano, integração solidário-afetiva. Desta forma, a liberdade nas escolhas individuais deve ser respeitada, tendo por parâmetro as regras, que devem ser gerais, a determinar os procedimentos de formação, dissolução do casamento, deveres parentais, solidarismo familiar. As relações afetivas devem ser protegidas pelo direito como âmbito da liberdade individual, pautada na igualdade, na autonomia individual para exercer suas escolhas. BODIN DE MORAES Maria Celina. *A Família Democrática*. Disponível em: http://www.ibdfam.org.br/_img/congressos/anais/31.pdf <acesso em: 07 de out. de 2016>

Dessa maneira, o STF foi provocado nos REs nº 878.694 e 646.721[251], acerca da (in)constitucionalidade do disposto no art. 1790 do CC/02[252] a fim de seguir a regra estabelecida pelo legislador constitucional e dar a ele interpretação conforme a sistemática do ordenamento jurídico brasileiro.

O STF ao julgar os REs se posicionou da seguinte maneira:

> Não é legítimo desequiparar, para fins sucessórios, os cônjuges e os companheiros, isto é, a família formada pelo casamento e a formada por união estável. Tal hierarquização entre entidades familiares é incompatível com a Constituição de 1988.
>
> Assim sendo, o art. 1790 do Código Civil, ao revogar as Leis nº 8.971/1994 e nº 9.278/1996 e discriminar a companheira (ou o companheiro), dando-lhe direitos sucessórios bem inferiores aos conferidos à esposa (ou ao marido), entra em contraste com os princípios da igualdade, da dignidade humana, da proporcionalidade como vedação à proteção deficiente e da vedação do retrocesso.[253]

O Ministro Barroso, relator, firmou a seguinte tese acerca do tema: "No sistema constitucional vigente, é inconstitucional a distinção de regimes sucessórios entre cônjuges e companheiros, devendo ser aplicado em ambos os casos o regime estabelecido no artigo 1.829 do CC/02".[254]

---

[251] BRASIL. op. cit., nota 193.
[252] BBRASIL. op. cit., nota 241.
[253] BRASIL. op. cit., nota 193.
[254] Ibid.

O STF balizou sua decisão na sistemática do ordenamento jurídico brasileiro, buscou as regras e princípios positivados na CRFB/88 e decidiu pela inconstitucionalidade do art. 1790, pois ele estava em dissonância com o princípio da igualdade ao conferir tratamento diferente ao companheiro na sucessão.

O que o STF fez foi aplicar a teoria dworkiniana de direito como integridade para resolver o caso concreto.

A Corte buscou as regras e os parâmetros decisórios existentes e deu interpretação conforme a Constituição a norma infraconstitucional. Por esse motivo a decisão não tem a característica do ativismo judicial, já que o ativismo é o Judiciário legislar e inovar na ordem jurídica ao estabelecer regra não existente em nenhuma fonte.

Como a Constituição é o diploma mais importante do ordenamento jurídico brasileiro o STF buscou nela os fundamentos já positivados pelo legislador para dirimir controvérsia apreciada pela Corte.

É de se observar que à luz da Súmula Vinculante n° 10[255] a decisão se deu por maioria dos membros do STF[256] e para afastar a incidência da regra prevista no artigo 1.790 do CC/02[257], atacada nos RES em tela, a declarou inconstitucional.

---

[255] BRASIL. op. cit., nota 140.
[256] O julgamento ficou pelo placar de 8 votos a 2 pela inconstitucionalidade da diferenciação feita pelo art.1790 do CC entre o tratamento dado ao companheiro e ao cônjuge na sucessão hereditária. TARTUCE, Flávio. *STF encerra o julgamento sobre a inconstitucionalidade do art. 1.790 do Código Civil. E agora?* Disponível em: <https://flavio

Sendo assim, o STF decidiu o caso concreto com base nas regras já estabelecidas, e apenas deu juízo de compatibilidade a legislação infraconstitucional conforme a Constituição, uma vez que a legislação infraconstitucional deve guardar compatibilidade com os princípios constitucionais e no caso concreto a norma infraconstitucional se mostrou inconstitucional.

Assim, não se identifica nessas decisões o marco caracterizador do ativismo judicial identificado nas decisões que passaram a permitir a execução provisória da pena. Pois naquelas decisões em questão a Corte inovou no ordenamento jurídico e criou regra que não se fundamenta em nenhum parâmetro de decisão ou princípio existente no ordenamento jurídico, pelo contrário, a decisão vai de encontro com os princípios da liberdade e presunção de inocência.

Fazer controle de constitucionalidade e declarar a norma inconstitucional seguindo o parâmetro da Constituição não é ativismo judicial.

Ao seguir esse parâmetro decisório o STF decide conforme a teoria de direito como integridade e segue padrões e normas já estabelecidas pelo legislador sem inovar na ordem jurídica, apenas aplicando ao caso concreto as regras já estabelecidas, privilegiando assim a segurança jurídica e a isonomia na resolução dos casos concretos futuros.

---

tartuce.jusbrasil.com.br/artigos/465526986/stf-encerra-o-julgamento-sobre-a-inconstitucionalidade-do-art-1790-do- codigo-civil-e-agora>. Acesso em: 31 out 2019.
[257] BRASIL. op. cit., nota 241.

Após identificar o marco caracterizador de uma decisão judicial ativista e de uma decisão judicial não ativista, serão tratados os desafios de se tornar compatível com a CRFB/88[258], o CPC/15[259] e o CPP/41[260] a atuação do juiz nas decisões dos casos concretos, principalmente aqueles casos que atraem clamores e apelos populares e a ostensiva atenção da mídia.

4 OS DESAFIOS DE COMPATIBILIZAR A ATUAÇÃO DO JUIZ COM A CONSTITUIÇÃO FEDERAL, O CPC E O CPP

Este capítulo analisará as regras procedimentais estabelecidas pelos códigos de processo penal e processo civil e como esses regramentos retiram seus fundamentos legais e principiológicos da Constituição Federal.

Uma vez que num Estado Democrático de Direito o processo independente de seu objeto é fundamentalmente constitucional, já que é a Constituição que inaugurou o ordenamento jurídico vigente no Brasil e ela a responsável por estabelecer balizas e parâmetros decisórios a serem seguidos.

---

[258] BRASIL. op. cit., nota 46.
[259] BRASIL. op. cit., nota 77.
[260] BRASIL. op. cit., nota 66.

Além disso, é ela quem regulamenta o Poder Judiciário e a atuação do juiz, dessa forma, é indispensável que o juiz atue dentro das balizas constitucionais estabelecidas já que um dos seus objetivos é trazer para o ordenamento jurídico a segurança jurídica, indispensável para um Estado Democrático de Direito e para a promoção do princípio constitucional da igualdade.

4.1 A CRFB/88 e a regulamentação do papel do juiz e da necessidade de fundamentação das decisões judiciais

A Constituição atual surge com a ideia consagrada das constituições pós segunda Guerra Mundial, as quais foram marcadas pela força normativa dos princípios, que passaram a ser considerados espécies de norma jurídica.

As Constituições passam a prever que valores como a dignidade da pessoa humana, sejam positivados como regra e passem a ser o núcleo central de todos os princípios, direitos e garantias fundamentais.

Formou-se no Brasil um Estado Democrático de Direito[261], no qual é reconhecida a força normativa da Constituição, a Constituição passa a ser a norma central do ordenamento jurídico brasileiro, é ela quem irradia as normas para os outros ramos do ordenamento, cuja as regras infraconstitucionais devem guardar compatibilidade com os preceitos constitucionais.

Busca-se a concretização dos direitos fundamentais e a garantia de condições mínimas de existência aos indivíduos.

Com ênfase para a concretização dos direitos fundamentais, a jurisdição constitucional ganha novos contornos, passa a ser tarefa, também, do Poder Judiciário proteger os direitos fundamentais e garantir que os outros poderes deem efetividade aos comandos constitucionais.

Nessa perspectiva surge o mandado de injunção[262], remédio constitucional instituído pela Constituição Federal de 88[263] que tem por escopo que o Judiciário declare a mora legislativa do Congresso Nacional e aplique regras para concretizar o direito reclamado pelo impetrante.

Foi com a CRFB/88 que o Judiciário assumiu o *status* de Poder da República[264], e, dessa forma, assumiu maior protagonismo no ordenamento brasileiro. Ademais, a CRFB/88 estabeleceu como competência do STF, órgão mor do Poder Judiciário, a função de guardião da Constituição[265], conferindo a ele a função de interpretar as normas e preceitos constitucionais.

---

[261] BRASIL. op. cit., nota 46. Art. 1º A República Federativa do Brasil, formada pela união indissolúvel dos Estados e Municípios e do Distrito Federal, constitui-se em Estado Democrático de Direito e tem como fundamentos:.(...).
[262] Ibid. Art. 5º Todos são iguais perante a lei, sem distinção de qualquer natureza, garantindo-se aos brasileiros e aos
estrangeiros residentes no País a inviolabilidade do direito à vida, à liberdade, à igualdade, à segurança e à propriedade, nos termos seguintes: LXXI - conceder-se-á mandado de injunção sempre que a falta de norma regulamentadora torne inviável o exercício dos direitos e liberdades constitucionais e das prerrogativas inerentes à nacionalidade, à soberania e à cidadania;
[263] Ibid.

O Poder Judiciário é o único dos três Poderes da República brasileira que não é provido por meio do voto popular.

O provimento para as primeiras instâncias é via concurso público de provas ou de provas e títulos na forma prevista do art.93, I, da CRFB[266] e da resolução nº 75/2009 do CNJ[267].

Aliás, é a CRFB[268] que é a responsável por regulamentar o Poder Judiciário e por óbvio regulamentar o papel do juiz, suas prerrogativas e seus deveres institucionais[269].

---

[264] Ibid. Art. 2º São Poderes da União, independentes e harmônicos entre si, o Legislativo, o Executivo e o Judiciário.
[265] Ibid. Art. 102. Compete ao Supremo Tribunal Federal, precipuamente, a guarda da Constituição, cabendo-lhe:
[266] Ibid.
[267] Resolução nº 75 de 12/05/2009. Disponível em: <http://www.cnj.jus.br/busca-atos-adm?documento=2763>. Acesso em: 31 jul. 2019
[268] BRASIL. op. cit., nota 46.
[269] Ibid. Art. 95. Os juízes gozam das seguintes garantias:
I - vitaliciedade, que, no primeiro grau, só será adquirida após dois anos de exercício, dependendo a perda do cargo, nesse período, de deliberação do tribunal a que o juiz estiver, e, nos demais casos, de sentença judicial transitada em julgado;
II - inamovibilidade, salvo por motivo de interesse público, na forma do art. 93, VIII;
III - ~~irredutibilidade de vencimentos, observado, quanto à remuneração, o que dispõem os arts. 37, XI, 150, II, 153, III, e 153, § 2º, I.~~ vinculado
III - irredutibilidade de subsídio, ressalvado o disposto nos arts. 37, X e XI, 39, § 4º, 150, II, 153, III, e 153, § 2º,
I. (Redação dada pela Emenda Constitucional nº 19, de 1998) Parágrafo único. Aos juízes é vedado:
I - exercer, ainda que em disponibilidade, outro cargo ou função, salvo uma de magistério; II - receber, a qualquer título ou pretexto, custas ou participação em processo;
III - dedicar-se à atividade político-partidária.
IV - receber, a qualquer título ou pretexto, auxílios ou contribuições de

O art.93, IX, da CRFB[270] prevê que as decisões judiciais devem ser obrigatoriamente fundamentadas, a ausência de fundamentação é vício tão grave que macula a própria existência das decisões judiciais. Uma decisão não fundamentada é eivada de nulidade absoluta, que não comporta convalidação[271].

Como dito anteriormente, o Poder Judiciário não é alvo do voto popular, dessa forma, a fundamentação e a publicidade das decisões judiciais cumprem o papel de legitimação dos membros do Judiciário.

Ademais, o CNJ[272] é o órgão responsável por fiscalizar o Poder Judiciário para garantir que ele cumpra o seu papel republicano[273].

---

pessoas físicas, entidades públicas ou privadas, ressalvadas as exceções previstas em lei; (Incluído pela Emenda Constitucional nº 45, de 2004)
V - exercer a advocacia no juízo ou tribunal do qual se afastou, antes de decorridos três anos do afastamento do cargo por aposentadoria ou exoneração. (Incluído pela Emenda Constitucional nº 45, de 2004)
[270] BRASIL. op. cit., nota 46.
[271] Ibid. Art. 93 (...) IX todos os julgamentos dos órgãos do Poder Judiciário serão públicos, e fundamentadas todas as decisões, sob pena de nulidade, podendo a lei limitar a presença, em determinados atos, às próprias partes e a seus advogados, ou somente a estes, em casos nos quais a preservação do direito à intimidade do interessado no sigilo não prejudique o interesse público à informação;(Redação dada pela Emenda Constitucional nº 45, de 2004)
X as decisões administrativas dos tribunais serão motivadas e em sessão pública, sendo as disciplinares tomadas pelo voto da maioria absoluta de seus membros; (Redação dada pela Emenda Constitucional nº 45, de 2004)
[272] Ibid.
[273] Ibid. Art. 103-B, § 4º, Art. 103-B. O Conselho Nacional de Justiça compõe-se de 15 (quinze) membros com mandato de 2 (dois) anos, admitida 1 (uma) recondução, sendo (...) § 4º Compete ao Conselho o controle da atuação administrativa e financeira do Poder Judiciário e do cumprimento dos deveres funcionais dos juízes, cabendo-lhe, além de outras atribuições que lhe forem conferidas pelo Estatuto da Magistratura:

A necessidade de fundamentação da decisão judicial é tão importante que encontra regramento no texto Constitucional e nos Códigos de Processo Civil[274] e Processo Penal[275], diplomas que regram os procedimentos cíveis e penais, dada a importância de tal comando.

Fundamentar a decisão significa que o magistrado após ter lido todos os fundamentos das partes e ter estado ciente de toda a instrução probatória tomou sua decisão de acordo com os parâmetros decisórios estabelecidos por meio da lei, da jurisprudência e da doutrina.

Ou seja, o magistrado buscou nas fontes do direito[276] um parâmetro decisório estabelecido anteriormente.

A fundamentação permite a aferição do contraditório pleno e da ampla defesa, princípios processuais previstos na CRFB[277] e nos Códigos de Processo Civil[278] e Processo Penal[279].

(Incluído pela Emenda Constitucional nº 45, de 2004)
[274] BRASIL. op. cit., nota 76.
[275] BRASIL. op. cit., nota 67.
[276] Fontes do Direito: Niklas Luhmann sustenta que as fontes do direito ou tipos do direito amparam-se num "sistema social estratificado". Segundo Luhman o direito é um sistema para Niklas Luhmann e de acordo com essa teoria o direito faz parte dos diversos sistemas da sociedade e que o conceito de fontes de direito nada mais é que uma metáfora usada por juristas na teoria do direito que apesar de ser utilizada como fundamentação e como critério em "situações de aplicação, nas quais se questiona se o direito a que se invoca vale efetivamente como direito". Apesar disso, o conceito de fontes tem sido substituído "por figuras que poderiam ser caracterizadas como de dissolução de paradoxos com tendências a externalizar referências". LUHMANN Niklas *O direito da sociedade* [livro eletrônico] tradução Saulo Krieger; tradução das citações em latim Alexandre Agnolon. – São Paulo: Martins Fontes - selo Martins, 2016. 2,0 Mb; ePUB.
[277] Ibid.
[278] BRASIL. op. cit., nota 76.
[279] BRASIL. op. cit., nota 67.

Ademais, a fundamentação permite que a parte vencida se convença da decisão pelos fundamentados apontados pelo magistrado ou maneje seu recurso com o escopo de refutar aqueles fundamentos.

Fundamentar a decisão é permitir que o jurisdicionado examine se ela está de acordo com os parâmetros decisórios estabelecidos.

Georges Aboudd assevera que a função jurisdicional, principalmente a constitucional, ganha força e legitimidade, "por meio de fundamentação constitucional rigorosa de suas decisões", sendo essa a verdadeira fonte de legitimidade do Judiciário.[280]

A fundamentação é um dever do magistrado regrado na CRFB, no CPP e no CPC, no tópico a seguir examinaremos quais as mudanças provocadas pelo novo CPC no que tange aos poderes do juiz e se aludidas mudanças promovem ou repelem o ativismo judicial.

4.2 O novo CPC e a ampliação dos poderes do juiz

O novo CPC passou a vigorar em 18 março de 2016[281], após intensa discussão no congresso nacional o novo diploma legal foi enfim sancionado.

---

[280] ABBOUD, Georges. *Discricionariedade administrativa e judicial: o ato administrativo e a decisão judicial.* São Paulo. Revista dos Tribunais. 2014. p. 437.
[281] CNJ. *Cnj responde à OAB e decide que vigência do novo CPC começa em 18 de março.* Disponível em: <https:// w.cnj.jus.br/noticias/cnj/81698-cnj-responde-a-oab-e-decide-que-vigencia-do-novo-cpc-comeca-em-18-de-marco>. Acesso em: 11 set 2109.

O atual CPC trouxe mudanças na atuação do juiz, bem como trouxe como paradigma a força dos precedentes judiciais, nessa ótica o novo CPC seguiu a teoria dworkiniana de direito como integridade[282], já que ao privilegiar a força dos precedentes judiciais o novel código reconhece que os parâmetros decisórios devem ser seguidos.

Alexandre Câmara usa a terminologia "padrões decisórios vinculantes"[283].

O autor sustenta que essa denominação não foi escolhida de forma aleatória, ao acaso, observa que ela foi expressamente empregada na redação do § 5º do art. 966 do CPC/15[284].

Câmara observa que aludida expressão foi genericamente utilizada para designar enunciados de súmulas e precedentes e que "são padrões decisórios vinculantes os precedentes e os enunciados de súmula que formalmente receberam, por imputação legal, eficácia vinculativa."[285]

---

[282] DWORKIN Ronald. *O império do direito*. 3. ed. São Paulo: Martins Fontes, 2014. p. 10
[283] CÂMARA, Alexandre Freitas *Levando os padrões decisórios a sério*. São Paulo. Atlas. 2018. p.1
[284] BRASIL. op. cit., nota 76.
[285] CÂMARA. op. cit., nota 256.

Embora o atual CPC tenha ampliado os poderes do juiz e, *prima facie* isso possa levar a uma conclusão de que o CPC buscou homenagear o ativismo judicial, após uma análise do CPC chega-se à premissa de que tal ampliação de poderes não se deu para fomentar o ativismo judicial, mas tão somente, para que o juiz exerça seu papel cooperativo como sujeito processual.

Os poderes ao juiz conferidos pelo novo CPC são poderes procedimentais que em nada contribuem para o ativismo judicial, pelo contrário, após análise do novo CPC percebe-se que ele busca estabelecer parâmetros decisórios a serem seguidos, é o que se denota da leitura dos incisos do art. 927 do CPC[286].

Câmara observa em seu trabalho que para que os padrões decisórios sejam seguidos da forma que o novo CPC propõe é necessário que a formação desses padrões observe um contraditório dinâmico e efetivo só assim tal formação será constitucional e democrática.[287]

---

[286] BRASIL. op. cit., nota 76. Art. 927. Os juízes e os tribunais observarão:
I - as decisões do Supremo Tribunal Federal em controle concentrado de constitucionalidade; II - os enunciados de súmula vinculante;
III - os acórdãos em incidente de assunção de competência ou de resolução de demandas repetitivas e em julgamento de recursos extraordinário e especial repetitivos;
IV- os enunciados das súmulas do Supremo Tribunal Federal em matéria constitucional e do Superior Tribunal de Justiça em matéria infraconstitucional;
V - a orientação do plenário ou do órgão especial aos quais estiverem vinculados.
[287] CÂMARA, Alexandre Freitas *Levando os padrões decisórios a sério.* São Paulo. Atlas. 2018. p.4.

O modelo processual brasileiro é balizado por princípios constitucionais inafastáveis, tais como o acesso à justiça, a duração razoável do processo, o contraditório e a ampla defesa.

Como o CPC teve seu anteprojeto e sua entrada em vigor sob a égide da Constituição Federal de 1988[288] muitos princípios constitucionais foram reproduzidos no novo Código, justamente porque a ideia de que a Constituição Federal é a Lei central do ordenamento jurídico já está incorporada no ordenamento jurídico brasileiro.

Justamente pelo fato de que houve uma constitucionalização das leis infraconstitucionais é que se defende a ideia de que a ampliação dos poderes do juiz conferidos pelo CPC não guarda relação com o ativismo judicial, uma vez que a ideia de um juiz ativo não está relacionada com a ideia de um juiz ativista.

Uma vez que um juiz ativo age como sujeito processual aplicando as regras ao caso concreto, contudo sem criar o direito.

---

[288] BRASIL. op. cit., nota 46.

A ampliação dos poderes do juiz no novo CPC tem muito mais consonância com a ideia de cooperação entre os sujeitos processuais trazida pelo CPC atual do que com a ideia de incentivo a uma atuação ativista do juiz. Inclusive como já abordado nesse tópico o CPC traz previsão expressa no art. 927 para que o juiz ao julgar o caso concreto siga os parâmetros decisórios já estabelecidos.

O CPC consagra a ideia dworkiniana de direito como integridade ao prever expressamente que os parâmetros decisórios devem ser o comando a ser seguido pelos juízes ao julgarem os casos concretos, o que coaduna com a ideia de que não há nenhuma relação entre a ampliação dos poderes do juiz conferida pelo CPC e o incentivo a decisões judiciais ativistas.

Embora o CPP não tenha sido projetado nem tampouco entrado em vigor sob a égide da Constituição Federal de 1988, após ter passado por um juízo de compatibilidade entre a CRFB88 ele foi recepcionado e os dispositivos tidos como inconstitucionais foram expressamente revogados pelo legislador, após juízo de constitucionalidade feito pelo STF, como por exemplo, o caso do art.594 do CPP[289] que não guardava compatibilidade com os princípios constitucionais.

---

[289] BRASIL. op. cit,. nota 67.

O CPP também traz dispositivos que demandam uma postura ativa do juiz, contudo, também não é caso de ativismo judicial, esses temas serão melhores tratados no tópico a seguir.

4.3 O CPP e as regulamentações acerca da atuação do juiz

Ao contrário do CPC, o CPP não foi concebido na égide da CRFB/88, ele foi promulgado em 1941 e quando da entrada em vigor da nova Constituição em 1988, o CPP foi recepcionado pois entendeu-se que ele era materialmente compatível com a nova ordem constitucional inaugurada.

Contudo, o CPP foi promulgado num cenário em que o processo penal era inquisitório, em que não havia todas garantias fundamentais inauguradas pela CRFB/88. A Constituição mudou o paradigma do processo penal e passou a adotar a teoria do processo penal sob o viés acusatório, no qual não cabe ao juiz acumular a figura de acusador e julgador.

O juiz é inerte e imparcial e aguarda ser provocado pelo titular da ação penal pública, função que a CRFB/88 expressamente previu para o Ministério Público[290].

---

[290] Ibid. Art. 129. São funções institucionais do Ministério Público:
I - promover, privativamente, a ação penal pública, na forma da lei;

Por esse motivo, houve a necessidade de que o STF analisasse a compatibilidade de alguns dispositivos legais previstos no CPP com a CRFB/88, podemos citar como exemplo a análise do art. 594 do CPP[291] que foi declarado inconstitucional, já que trazia a previsão de que a apelação do réu só seria conhecida se ele se recolhesse a prisão após prolação da sentença condenatória em primeira instância.

O STF entendeu que aludido dispositivo feria o princípio da presunção de inocência e ele foi revogado pela lei 11.719[292].

Há sem dúvidas no CPP dispositivos que permitem uma atuação ativa do juiz, podemos citar por exemplo o art. 28 do CPP que prevê que caso o Ministério Público requeira o arquivamento do inquérito policial o juiz deverá remeter o processo ao Procurador Geral de Justiça[293].

---

[291] BRASIL. op. cit., nota 67.
[292] BRASIL. *Lei nº 11.719*. Disponível em: <http://www.planalto.gov.br/ccivil_03/_Ato2007-2010/2008/Lei/L11719.htm>. Acesso em: 11 set 2019.
[293] BRASIL. op. cit., nota 67. Art. 28. Se o órgão do Ministério Público, ao invés de apresentar a denúncia, requerer o arquivamento do inquérito policial ou de quaisquer peças de informação, o juiz, no caso de considerar improcedentes as razões invocadas, fará remessa do inquérito ou peças de informação ao procurador-geral, e este oferecerá a denúncia, designará outro órgão do Ministério Público para oferecê-la, ou insistirá no pedido de arquivamento, ao qual só então estará o juiz obrigado a atender.

Contudo, tal posição ativa não se confunde com ativismo, uma vez que aludida postura do juiz advém de dispositivo legal, ou seja, o juiz não está inovando na ordem jurídica, mas tão somente seguindo um parâmetro decisório estabelecido pelo legislador quando formulou esse dispositivo legal[294].

O juiz seguir um comando expresso na lei, mesmo que tal comando enseje uma postura mais ativa, não deve ser confundido com ativismo, já que o comando legal é um parâmetro decisório e por isso encontra fundamento na teoria dworkiniana de direito como integridade[295].

Como restou consignado, ativismo judicial é o juiz inovar em sua decisão sem observar os parâmetros decisórios estabelecidos e as regras para a resolução daquele caso concreto, uma vez que mesmo se tratando de um caso concreto que há princípio enseje maior dificuldade para o julgador decidir há no ordenamento jurídico parâmetros decisórios previamente estabelecidos.

---

[294] É de se salientar que essa era a redação original do art. 28 do CPP e que quando da confecção desse trabalho aludido dispositivo legal estava em vigor. Ocorre que no dia 23 de janeiro de 2020 a lei nº 13.964 de 2019 passou a vigorar no ordenamento jurídico brasileiro e aludida lei deu a seguinte redação ao artigo 28: Art. 28. Ordenado o arquivamento do inquérito policial ou de quaisquer elementos informativos da mesma natureza, o órgão do Ministério Público comunicará à vítima, ao investigado e à autoridade policial e encaminhará os autos para a instância de revisão ministerial para fins de homologação, na forma da lei. (Redação dada pela Lei nº 13.964, de 2019) (Vigência). Disponível em: http://www.planalto.gov.br/ccivil_03/decreto-lei/del3689.htm Acesso em: 27 mai 2020

[295] DWORKIN. Ronald. *O império do direito.* 3. ed. São Paulo: Martins Fontes, 2014 p.10.

Mesmo que tais parâmetros não tratem diretamente do caso concreto em questão ele serve como um padrão para guiar a decisão do julgador.

Ao adotar o ativismo judicial e inovar no ordenamento a segurança jurídica no ordenamento jurídico estará prejudicada, uma vez que o julgador ao proferir sua decisão se divorciou dos parâmetros decisórios, inovando de forma temerária no ordenamento jurídico.

O CPP estabelece regulamentações para a atuação do juiz e, embora, por vezes traga atuação mais ativa por parte do juiz, como é o caso do já citado art. 28, tais regulamentações não podem ser vistas como ativismo judicial, uma vez que elas são oriundas da lei e dos padrões decisórios estabelecidos e, dessa forma, são parâmetros para que o julgador profira suas decisões.

Como elas são regulamentadas no CPP, elas garantem tratamento igualitário para todos os réus, uma vez que ao aplicar os comandos legais contidos no CPP, o juiz o aplicará para todos os casos concretos que desafiem aquela decisão e, dessa forma, garantirá a segurança jurídica, já que casos semelhantes serão decididos de forma semelhante, já que as regras e os parâmetros decisórios estarão sendo devidamente seguidos.

O processo penal lida com a liberdade do réu, direito fundamental previsto na CRFB[296], dessa forma, é de extrema importância que num Estado dito como Democrático de Direito, como é o caso do Estado brasileiro[297], a atuação do Judiciário seja pautada dentro dos parâmetros decisórios, uma vez que trará segurança jurídica ao jurisdicionado, pois aquela decisão será a correta para o seu caso concreto, já que o juiz se pautou nas regras e nos parâmetros decisórios já estabelecidos anteriormente.

Por esse motivo é indispensável para a concretização do Estado Democrático de Direito que a atuação do Judiciário seja limitada para que ele não vire um superpoder que usurpe a competência dos demais, para isso há a teoria dos freios e contrapesos, que será melhor estudada no tópico a seguir.

4.4 A necessidade de se limitar o poder de atuação do Judiciário com base na teoria dos freios e contrapesos

A teoria dos freios e contrapesos tem sua matriz clássica construída de acordo com a ideologia liberal-burguesa dos séculos XVIII e XIX.

---

[296] BRASIL. op. cit., nota 46. Art. 5º Todos são iguais perante a lei, sem distinção de qualquer natureza, garantindo-se aos brasileiros e aos estrangeiros residentes no País a inviolabilidade do direito à vida, à liberdade, à igualdade, à segurança e à propriedade, nos termos seguintes: LIV - ninguém será privado da liberdade ou de seus bens sem o devido processo legal;
[297] BRASIL. op. cit., nota 261.

A separação de Poderes relaciona-se "à preocupação universal de se impor limites à ação dos detentores do Poder político, visando, em última análise a garantia dos direitos fundamentais do cidadão."[298]

A noção de separação de poderes tal como liberdade individual do cidadão frente ao Estado surge na Inglaterra do século XVIII, umbilicalmente associada à ideia de *rule of law*, que por seu turno é considerada a matriz histórica do Estado de Direito.[299]

Montesquieu estruturou uma teoria da separação de Poderes baseada na divisão vertical, no desenvolvimento da teoria da separação de Poderes, Montesquieu "supôs que a sociedade deveria se organizar de modo que o Poder constituísse um freio ao próprio Poder, como forma de garantir a liberdade individual"[300] e aludida teoria teve aplicação nas Constituições norte americana de 1787 e francesa de 1791.

---

[298] CARLOS, Fabiano Gonçalves. Separação de poderes: da concepção clássica à noção contemporânea. *Revista da EMERJ.* V. 20 - N. 78 - Janeiro/Abril – 2017. Disponível em: <http://www.emerj.tjrj.jus.br/revistaemerj_online/edicoes/revista78/revista78_286.pdf.>. Acesso em: 16 mai. 2019.
[299] Ibid. p 289.
[300] Ibid. p. 291.

Aliás é nos Estados Unidos que a teoria edificada por Montesquieu se desenvolve afastando o modelo Europeu no qual o Poder Judiciário era uma esfera relevante e nula e o Poder Legislativo exercia supremacia.[301] A teoria estadunidense, *checks and balances,* sustenta que as funções estatais devem ser fracionadas entre vários órgãos, que colaboram no exercício de cada uma delas mediante controles recíprocos.[302]

Georges Abboud, observando os fundamentos do constitucionalismo moderno argumenta que "a separação dos poderes pode ser representada pelo ideal de limitação do poder político que aparece, em seu maior esplendor, no ambiente constitucionalista do Estado de Direito liberal".[303]

Segundo o autor, "o conceito de constituição equilibrada, que está na raiz da ideia de especializações de funções e, consequentemente de divisão de poderes, é algo que já se encontra retido no modelo de governo misto que começa a tomar forma, especialmente na Grã-Bretanha, a partir do século XIII."[304]

Além disso, o núcleo que envolve a questão da separação de Poderes "não se encontra ligado a um problema de tripartição de funções e as relações interinstitucionais entre ambas.[305]"

---

[301] Ibid.
[302] Ibid. p. 294.
[303] ABBOUD, Georges. *Discricionariedade administrativa e judicial:* o ato administrativo e a decisão judicial. São Paulo: Revista dos Tribunais. 2014. p. 448.
[304] Ibid. p. 449

O processo histórico de formação das modernas democracias constitucionais comprova que a essência da separação de Poderes se apresenta na ideia de limitação de Poder[306].

A separação de Poderes é uma concepção ligada ao próprio fenômeno do constitucionalismo, sua finalidade é sempre a limitação de poder. É o fato político-jurídico do constitucionalismo "que coloca freios e racionaliza o Poder"[307].

No Brasil a ideia de freios e contrapesos pode ser lida como a unidade dos Poderes que se dividem para melhorar desempenho das funções e se fiscalizam reciprocamente, ou seja, os Poderes, Legislativo, Executivo e Judiciário, é uma unidade, porém para que sejam melhores exercidos eles são divididos e cabe a cada Poder fiscalizar ao outro para que haja harmonia na coexistência entre eles.

É justamente para se evitar arbitrariedades que a teoria dos freios e contrapesos surgiu, uma vez que não há uma supremacia de um Poder sobre o outro, ambos devem exercer as funções conferidas a eles pela Constituição e se limitar a exercer tais funções e fiscalizar os demais.

---

[305] Ibid. p.449
[306] Ibid. p. 449
[307] Ibid. p. 450

A Constituição de 1988 foi expressa ao delimitar a função dos três Poderes da República, conferindo ao Legislativo a função de legislar e fiscalizar, possuindo como função típica "a edição de atos normativos primários, que instituem direitos e criam obrigações."[308]

Bem como, incube ao Poder Legislativo a fiscalização contábil, financeira, operacional e patrimonial da União e das entidades da administração direta e indireta.[309]

A referência ao Poder Executivo contempla atividades diversas e variadas da Chefia de Estado e da Chefia de Governo, bem como da administração em geral, tais como a fixação de diretrizes políticas da administração, da disciplina das atividades administrativas, edição de medidas provisórias e a inciativa de edição de projetos de lei, controles orçamentários e chefia das forças armadas.[310]

Como adotamos no Brasil o sistema presidencialista, as eleições populares e diretas para a chefia do Poder Executivo conferem a legitimidade democrática, inerente ao Estado Democrático de Direito, para o exercício das suas diversas funções.[311]

---

[308] BRANCO, Paulo Gustavo Gonet. *Curso de Direito Constitucional*. Gilmar Ferreira Mendes, Paulo Gustavo Gonet Branco. 8. ed. São Paulo: Saraiva, 2013. p.866
[309] Ibid. p.850
[310] Ibid. p. 909.
[311] Ibid.
[312] Ibid. p. 935.

Ao Poder Judiciário foi conferida autonomia institucional desconhecida na história do modelo constitucional brasileiro, com a bisca pela garantia de autonomia administrativa e financeira do Poder Judiciário. E a função de protetor da ordem constitucional objetiva e do sistema de direitos subjetivos.[312]

Desse modo, quando o Poder Judiciário é ativista e cria o direito ele não só desarmoniza a separação dos Poderes, com latente desrespeito a teoria dos freios e contrapesos, uma vez que usurpa função típica do Legislativo ao criar o direito, bem como desrespeita a teoria do dworkiniana de direito como integridade, já que ao criar um novo direito ele deixa de observar os parâmetros decisórios que seriam aplicados para solucionar o caso concreto.

A criação da separação dos Poderes se deu justamente para que houvesse limitação de Poder, dessa forma, vai completamente de encontro uma postura de um Judiciário atuando sem limites, sem limitações, sem respeito e observância da sua função na tripartição dos Poderes.

Além disso, quando o Judiciário cria o direito sob o argumento de que está atendendo aos anseios populares ele corre o sério risco de descumprir a sua função contramajoritária, tema que será melhor abordado no tópico a seguir.

4.5 Por que o Judiciário não deve ser um porta-voz das ruas, a função contramajoritária do Judiciário e seu compromisso com as minorias

Não cabe ao STF sob o argumento de "acabar com a sensação de impunidade na sociedade[313]" violar cláusulas pétreas como é o caso da presunção de inocência e criar um novo direito baseado na convicção de que o STF é a "vanguarda iluminista"[314], o representante do povo.

Representante do povo é a Câmara de deputados, na qual seus membros são diretamente escolhidos pelo povo para numa democracia representativa como a brasileira, legislar de acordo com a vontade popular, contudo sob a limitação imposta pela CRFB/88.

Já que há a previsão de cláusulas imutáveis, que só serão passíveis de mudança com a promulgação de uma nova Constituição e consequentemente a inauguração de uma nova ordem constitucional[315].

---

[313] ESTADÃO. Barroso afirmou ao Estadão que haverá crise caso o STF revise a prisão em segunda instância e que o STF não pode ignorar o clamor popular. *Barroso prevê crise se Supremo revisar prisão após segundo grau.* Disponível em: <https://politica.estadao.com.br/blogs/fausto-macedo/barroso-preve-crise-se-supremo-revisar-prisao-apos-2o-grau/>. Acesso em: 05 mai 2019.

[314] BARROSO, Luís Roberto. VIEIRA, Oscar Vilhena e GLEZER, Rubens, organização. *A razão e o voto:* diálogos constitucionais com Luís Roberto Barroso. Rio de Janeiro: FGV, 2017. p 41.

[315] BRASIL. op. cit., nota 46. Art. 60. A Constituição poderá ser emendada mediante proposta: § 4º Não será objeto de deliberação a proposta de emenda tendente a abolir:
I - a forma federativa de Estado;
II - o voto direto, secreto, universal e periódico; III - a separação dos Poderes;
IV - os direitos e garantias individuais.

Barroso sustenta que o papel contramajoritário e o poder das cortes supremas de invalidarem leis e atos normativos advindos tanto do Legislativo quanto do Executivo, segundo Barroso esse é um papel legítimo dos Tribunais quando atuam em nome da Constituição, para protegerem os direitos fundamentais e a regra do jogo democrático, mesmo contra a vontade das maiorias.[316]

De fato a função contramajoritária se exprime nesse conceito trazido por Barroso, contudo, ele vai além e assevera que o Supremo Tribunal Federal.

Além da função contramajoritária também exerceria o papel representativo e iluminista, representativo no sentido de o STF atuar para atender as demandas sociais que não foram satisfeitas a tempo pelo Poder Legislativo e para integrar a ordem jurídica em situações de omissão inconstitucional do legislador.[317]

E um papel iluminista no sentido de "promover certos avanços civilizatórios e empurrar a história", o que não se trata de uma função propriamente contramajoritária.[318]

---

[316] BARROSO. VIEIRA, Oscar Vilhena e GLEZER, Rubens, organização. *A razão e o voto*: diálogos constitucionais com Luís Roberto Barroso. Rio de Janeiro: FGV, 2017. p. 570.
[317] Ibid.
[318] Ibid.

Ocorre que ao defender tais papéis, Barrroso dá azo a legitimação de que se determinada parcela da sociedade acredita que a execução provisória da pena é "um certo avanço civilizatório", o Supremo com a legitimação do papel de "vanguarda iluminista", poderia abrir mão de seu papel contramajoritário e de guardião da Constituição e se render aos anseios populares.

Não é porque a população tem a percepção de que esse ou aquele princípio constitucional seja impulsionador de certas mazelas sociais, como é o caso da população acreditar que a presunção de inocência desagua na impunidade, que o STF deva tomar para si a função de ouvir os anseios e clamores populares e criar o direito a *bel* prazer desses setores da sociedade.[319]

A função de guardião da Constituição é justamente para que apesar de momentos de certa euforia popular num determinado sentido de percepção da realidade brasileira o STF se mantenha sóbrio para apesar dos intensos clamores populares garantir que a ordem constitucional não sofra o revés de ser subjugada por aquela momentânea vontade popular.

---

[319] De acordo com a Constituição de 1988 a função do STF é a de ser o guardião da constituição, portanto, cabe ao STF interpretar o direito conforme os padrões e regras decisórias estabelecidas pela Constituição e pelo legislador nas legislações infraconstitucionais, não lhe sendo conferido o papel de legislar as regras do ordenamento, ou seja, não incube ao Poder Judiciário criar o direito. BRASIL. op. cit., nota 215.

Gustavo Binenbojum sustenta que "a jurisdição constitucional é uma força contamajoritária que fortalece a democracia, na medida em que a proteção dos direitos fundamentais previne ou corrige defeitos no processo de deliberação democrática".[320]

Se o STF se preocupar em ser o porta-voz das ruas, ou nas palavras de Barroso, exercer o papel de representante do povo[321], ele incorre na perigosa hipótese de que "seus juízes se sintam intimidados pelo risco de reprovação de sua atuação em pesquisas de opinião ou em críticas jornalísticas, o que poderia inibir a prolação de decisões impopulares"[322], correndo o risco de o STF não exercer a sua função contramajoritária.

O Supremo não pode assumir um papel de "vanguarda iluminista" e "representante do povo"[323] para legitimar o papel de ativista e criador do direito, uma vez que um ativismo judicial ilimitado poderá culminar em sérios desequilíbrios no Estado Democrático de Direito que tem como fundamento a separação dos Poderes, aludido tema será melhor abordado no tópico a seguir.

---

[320] BINENBOJUM, Gustavo. VIEIRA, Oscar Vilhena e GLEZER, Rubens, organização. *A razão e o voto:* diálogos constitucionais com Luís Roberto Barroso. Rio de Janeiro: FGV, 2017. p. 252
[321] BARROSO. op. cit., nota 288.
[322] BINENBOJUM. op. cit., nota 292. p. 256
[323] BARROSO. op. cit., nota. 288.

4.6 As possíveis consequências para um ativismo judicial como técnica de julgamento

Barroso defende um alargamento no papel do Judiciário, precipuamente um alargamento no papel do Supremo Tribunal Federal que ordinariamente exerce a função contramajoritária, contudo Barroso defende que o STF exerça também as funções de "vanguarda iluminista" - com o papel de empurrar a história quando ela travar- e "representante do povo"[315].

Ocorre que para exercer tais funções por vezes o STF assumiria papel ativista, uma vez que criaria o direito e abriria mão de seguir os parâmetros decisórios estabelecidos sob o fundamento de que aludidas decisões estariam imbuídas da função do STF de vanguarda iluminista criando o direito para supostamente se avançar como sociedade civilizada.

Gustavo Binenbojum alerta que a "atribuição de função representativa às cortes constitucionais, cria potencialmente, uma alteração da estrutura no regime democrático"[324].

Esse alargamento do papel do STF defendido por Barroso pode desaguar em um ativismo judicial ilimitado, no qual, se justifica todos os excessos do Poder Judiciário em nome de uma representação do povo.

---

[324] BINENBOJUM, Gustavo. VIEIRA, Oscar Vilhena e GLEZER, Rubens, organização. *A razão e o voto*: diálogos constitucionais com Luís Roberto Barroso. Rio de Janeiro: FGV, 2017. p. 252

Embora, o ativismo judicial não seja um fenômeno novo, pois remonta do século XIX, "o século XX, mostrou um constitucionalismo com maior apego à normatividade"[325].

E nesse contexto houve além de uma ampliação do controle de constitucionalidade dos atos normativos uma ascensão do Poder Judiciário, que no Brasil, por exemplo, foi alçado ao *status* de Poder da República com a promulgação da Constituição de 1988. "Houve como uma transferência de poderes, formal ou informal, sociológica ou de fato, para os tribunais, tanto domésticos como supranacionais"[326].

Com essas mudanças esse fenômeno vem sendo chamado de judicialização da política, ou seja, relevantes questões ou debates morais da sociedade, questões da política pública e controvérsias políticas são levadas aos Tribunais superiores[327].

Com todo esse alargamento do papel do Judiciário, bem como com o papel de destaque que ele passou a desempenhar na sociedade, houve um aumento do ativismo judicial. E o problema reside no fato de que não dá para controlar o Supremo Tribunal Federal, não há nenhum mecanismo de controle externo.

---

[325] FIGUEIREDO, Marcelo. VIEIRA, Oscar Vilhena e GLEZER, Rubens, organização. *A razão e o voto*: diálogos constitucionais com Luís Roberto Barroso. Rio de Janeiro: FGV, 2017. p. 445.
[326] Ibid
[327] Ibid.

Dessa forma, um ativismo judicial cada vez mais recorrente como técnica de julgamento é altamente preocupante com a noção de Estado Democrático de Direito, no qual os Poderes devem ser exercidos de forma harmônica entre si, sem que um usurpe a competência do outro.

Georges Abboud sustenta que o ativismo judicial "à brasileira" "consiste em decisão que ignora por completo a legalidade vigente".[328]

E sustenta que decisões ativistas do STF, do ponto de vista institucional, se apresentam descompromissadas com o pacto constitucional. Pois, segundo ele, "o recado passado pelo STF é que de pouco importa a legislação a ser produzida pelo Congresso, uma vez que o STF decide como quer independentemente da legalidade vigente".[329]

O Judiciário não pode abandonar as regras e parâmetros decisórios existentes e começar a criar indiscriminadamente um direito novo, sob pena de se abandonar a segurança jurídica, essencial para a concretização de um Estado Democrático de Direito e de criar inúmeras desigualdades.

---

[328] ABBOUD, Georges. *Discricionariedade administrativa e judicial:* o ato administrativo e a decisão judicial. São Paulo. Revista dos Tribunais. 2014. p. 425.
[329] Ibid.

Uma vez que a cada pronunciamento do Judiciário será adotado um tipo de regra de direito diferente para resolver casos concretos semelhantes, o que fomenta a odiosa desigualdade rechaçada por nosso ordenamento jurídico, que tem como pilar fundador o princípio da igualdade.

Ademais, ficaria a arbítrio do Judiciário decidir situações que se deram sob a égide de uma regra e parâmetro decisório.

E por isso gerou uma legítima expectativa no jurisdicionado de que aquele parâmetro seria aplicado ao seu caso concreto e, no entanto, ser aplicado ao caso concreto uma regra de direito completamente nova criada sob o manto do ativismo judicial.

Na concepção de Georges Abboud, o Judiciário, ao decidir as lides apresentadas a ele, "já está previamente comprometido com a ordem constitucional vigente", dessa forma, ao efetuar a motivação das decisões há a imposição de que ele demonstre os fundamentos que o levaram a decidir, sejam principiológicos ou legais[330].

---

[330] Ibid. p. 426.

Ou seja, o Judiciário deve demostrar o parâmetro decisório que está seguindo, se há o romance em cadeia no momento da prolação da decisão, para que se possa verificar se aquele parâmetro decisório escolhido é o mais adequado com as regras vigentes e compatível com a Constituição Federal, pois dessa forma, aquela decisão será a correta para o caso concreto.

O Poder Judiciário tem a função republicana de ser contramajoritário quando necessário afim de garantir a promoção dos direitos e garantias fundamentais, dessa forma é necessário que sua atuação se paute nesse viés e se adeque com a sua função, e tendo como princípio norteador a observância das regras e parâmetros decisórios estabelecidos, seguindo assim a teoria dworkiniana de direito como integridade.

4.7 Necessidade de adequação do poder Judiciário à sua função republicana

Como restou consignado ao longo do trabalho ativismo judicial é o juiz criar um novo direito para o caso concreto, seguindo a lógica dworkiniana o juiz ao criar um novo direito afrontaria o princípio da legalidade com sua criação.

Contudo, caso o juiz siga a teoria de direito como integridade e aplique sua decisão com base nos princípios que formaram os parâmetros decisórios previamente estabelecidos, ele estará usando parte do sistema já estabelecido e estará mais próximo de uma decisão correta.

Uma vez que não haverá criação de novas regras do direito em sua decisão e a decisão proferida estará fundamentada no sistema de direito respeitando o princípio da legalidade[331].

Dworkin[332] defende que o direito é um conceito interpretativo, para o autor,[333] as Teorias gerais do direito "são interpretações gerais da nossa própria prática judicial".

Tal conclusão do autor se coaduna com a sua teoria de direito como integridade, já que quando os juízes decidem com base em parâmetros decisórios eles estão seguindo os sistemas decisórios existentes no ordenamento jurídico.

Dessa forma, seguindo os parâmetros decisórios há a observância da segurança jurídica e a decisão não causará surpresa ao jurisdicionado, uma vez que ele saberá quais serão os parâmetros decisórios que serão seguidos no julgamento da sua demanda.

Nesse sentido Dworkin pondera que:

> A conhecida história de que a decisão judicial deve ser subordinada à legislação é sustentada por duas objeções à originalidade judicial. De acordo com a primeira, uma comunidade deve ser governada por homens e mulheres eleitos pela maioria e responsáveis perante ela.
>
> Tendo em vista que, em sua maior parte, os juízes

---
[331] DWORKIN. Ronald. *Levando os direitos a sério*. 2 ed. São Paulo: Martins Fontes, 2007.
[332] DWORKIN. Ronald. *O império do direito*. 3. ed. São Paulo: Martins Fontes, 2014. p. 488.
[333] Ibid.

> não são eleitos, e como na prática eles não são responsáveis perante o eleitorado, como ocorre com os legisladores, o pressuposto acima parece comprometer essa proposição quando os juízes criam leis.
>
> A segunda objeção argumenta que, se um juiz criar uma nova lei e aplicá-la retroativamente ao caso que tem diante de si, a parte perdedora será punida, não por ter violado algum dever que tivesse, mas sim por ter violado um novo dever, criado pelo juiz após o fato.[334]

A função republicana do Poder Judiciário é atuar conforme os parâmetros estabelecidos pela lei, se a lei for constitucional não há porque afastar a sua aplicação, já que por possuir características gerais a lei é a mesma para qualquer jurisdicionado que bater às portas do Judiciário para que ele resolva sua pretensão.

Ademais, o legislador é o representante do povo e, dessa forma, as opções escolhidas por ele ao legislar retiram seu fundamento do Poder emanado pelo povo, conforme dispõe a Constituição[335].

---

[334] DWORKIN, Ronald. *Levando os direitos a sério*. 2 ed. São Paulo: Martins Fontes, 2007.p. 137

[335] BRASIL. op. cit., nota 42. Art. 1º A República Federativa do Brasil, formada pela união indissolúvel dos Estados e Municípios e do Distrito Federal, constitui-se em Estado Democrático de Direito e tem como fundamentos: (...) Parágrafo único. Todo o poder emana do povo, que o exerce por meio de representantes eleitos ou diretamente, nos termos desta Constituição.

Ao Judiciário foi reservada pela Constituição a função de interpretar o direito, contudo, tal interpretação não é livre, ela é vinculada nas regras e parâmetros decisórios existentes no sistema, pois desse modo haverá a promoção da igualdade e da segurança jurídica.

Nas palavras de Gustavo Binenbojum "os juízes constitucionais não são politicamente livres, mas encontram-se jungidos a procedimentos e deveres de fundamentação técnica de suas decisões."[336]

Dessa forma, o Judiciário só cumpre a sua função republicana que é a de aplicar aos casos concretos as regras vigentes no ordenamento jurídico, bem como zelar pela harmonia dos Poderes e pela concretização dos direitos se seguir os parâmetros decisórios, uma vez que ao inovar na criação do direito o Judiciário acaba causando desequilíbrio entre os Poderes da República, já que acaba usurpando competência do Legislativo.

CONCLUSÃO

Não há mecanismos capazes de impedir que o STF seja ativista, não há controle externo de suas decisões.

---

[336] BINENBOJUM. op. cit., nota 292. p.256.

E como o STF profere decisões que podem ser vinculantes corre-se o risco de cada vez mais o Judiciário brasileiro ser inundado de decisões ativistas.

O STF ao adotar o ativismo judicial como técnica de julgamento, comete sérios equívocos, pois é dele a obrigação de autocontenção.

Como não há uma solução legislativa nem administrativa para conter o ativismo judicial, é necessário que haja uma conscientização dos Ministros da Suprema Corte para os efeitos danosos causados pelo ativismo judicial.

Fato é que a mora legislativa ou a má técnica legislativa não devem servir de sucedâneo para justificar o ativismo judicial e torná-lo uma técnica de julgamento em nosso ordenamento, uma vez que o ordenamento prevê que os julgadores devem seguir parâmetros decisórios.

Como sustentado ao longo do presente livro, o ativismo judicial permite que casos idênticos sejam julgados de forma distinta, já que ao não seguir os parâmetros decisórios previamente estabelecidos cada julgador pode tomar decisões completamente opostas para casos concretos que guardam similitude.

Isso fere de morte o princípio constitucional da igualdade e abala a segurança jurídica do ordenamento.

Não há uma solução para o ativismo judicial, o Supremo Tribunal Federal é o órgão máximo do Poder Judiciário do Brasil e cabe a ele dizer o direito, ele tem essa competência e esse Poder. Dessa forma, necessário que os Ministros que ocupam as cadeiras do STF se atentem para as mazelas causadas pelo ativismo judicial e que abandonem essa técnica de julgamento tão prejudicial para a harmonia entre os três Poderes da República.

Embora o Ministro Barroso sustente que o STF deva assumir o papel de "vanguarda iluminista", o papel conferido ao STF é justamente o de guardião da Constituição, e ser guardião da constituição é salvaguardar os princípios e regras dispostos em seu texto.

Ao não seguir os parâmetros decisórios como técnica de julgamento e optar pelo ativismo judicial, o STF acaba por desrespeitar o preceito constitucional que determina a separação dos Poderes.

Levando em consideração o princípio republicano cabe a cada Poder zelar para que sua atuação se coadune com o ordenamento e fomente a harmonia entre os Poderes, um fiscalizando o outro, mas sem que um invada a órbita de atuação do outro Poder.

Não há solução fácil para solucionar o problema do ativismo judicial brasileiro, uma vez que parte da solução do problema passa por uma autocrítica do Poder Judiciário para que ele reveja suas técnicas de julgamento.

Acredita-se que pela dinâmica do direito e a dialeticidade da ciência jurídica haja um pleno debate entre a comunidade jurídica para que ela encontre o caminho de volta à boa técnica de julgamento e abandone a técnica do ativismo judicial.

O próprio STF demonstrou saber utilizar a técnica de julgamento da autocontenção e do direito como integridade.

Embora num primeiro momento tenha se utilizado da técnica do ativismo judicial para julgar os *HC*s de nº 126.292 e 152.752 que permitiram a execução provisória da pena e causaram insegurança jurídica por justamente serem decisões ativistas que não guardavam identidade com as decisões anteriores acerca do tema.

O STF, ao analisar novamente o tema nas ADCs, se pautou nas regras de julgamento e parâmetros decisórios construídos anteriormente como um romance em cadeia para decidir acerca da impossibilidade da execução provisória da pena ao declarar constitucional o art. 283 do CPP. Dessa forma, fica claro que o STF tem plenas condições de julgar sem se valer da técnica do ativismo judicial para solucionar os casos concretos que lhes são apresentados.

Além disso, talvez seja muito mais republicana uma reforma no sistema processual que garanta a celeridade dos julgamentos freando assim os recursos de cunho protelatório do que o STF assumir papel ativista tomando decisões inconstitucionais e incompatíveis com o Estado Democrático de Direito

Nenhum argumento deve transcender à ordem constitucional, sob pena de se banalizar os princípios fundadores do Estado Democrático de Direito e se inaugurar um Estado de exceção no qual as vontades da pretensa maioria esmague os direitos e garantias fundamentais expressamente previstos na Constituição.

Permitir julgamentos ativistas abre um perigoso caminho para que a Corte possa decidir sem observar os regramentos legislativos.

Ocorre que, caso a composição do STF mude radicalmente para Ministros conservadores é possível que haja supressão de Direitos Humanos e fundamentais.

Como por exemplo, a vedação do aborto em caso de estupro, a vedação do casamento homoafetivo.

Desse modo, a técnica de julgamento baseada no ativismo judicial além de causar insegurança jurídica.

Pode ser uma perigosa ferramenta de retrocesso. Sendo assim, a autocontenção é o caminho mais acertado para decisões corretas.

REFERÊNCIAS

ABBOUD, Georges. *Discricionariedade administrativa e judicial*: o ato administrativo e a decisão judicial. São Paulo. Revista dos Tribunais. 2014.

BADARÓ. Gustavo Henrique Righi Ivahy. *É temerário admitir que o STF pode "criar" um novo conceito de trânsito em julgado.* Disponível em:< https://www.conjur.com.br/2018-abr-03/badaro-stf-nao-criar-conceito-transito-julgado>. Acesso em: 31 out 2019.

BRASIL. *Código Civil.* Disponível em: < http://www.planalto.gov.br/ccivil_03/leis/2002/l10406 .htm>. Acesso em: 24 mai 2019.

_____. *Código de Processo Civil.* Disponível em: < http://www.planalto.gov.br/ccivil_03/_ato 2015-2018/2015/lei/l13105.htm>, Acesso em: 06 ago 2019.>. Acesso em: 13 jun. 2019.

_____. *Código de Processo Penal.* Disponível

em:<http://www.planalto.gov.br/ccivil_03/decreto-lei/Del3689Compilado.htm>. Acesso em: 31 mar 2019.

_____. *Constituição da República Federativa do Brasil.* Disponível em: < http://www.planalto.gov.br/ccivil_03/constituicao/constituicao.htm>. Acesso em: 04 abr 2019.

_____. *Enunciado nº 97 CJF.* Disponível em: < https://www.cjf.jus.br/enunciados/enunciado/72 8>. Acesso em: 24 mai 2019.

_____. *Enunciado nº 99 CJF.* Disponível em < https://www.cjf.jus.br/enunciados/enunciado/73 0>. Acesso em: 24 mai 2019.

_____. *Lei nº 8245.* Disponível em: < http://www.planalto.gov.br/ccivil_03/leis/l8245.htm>. Acesso em: 24 mai 2019.

_____. *Lei nº 11.719 .* Disponível em: <http://www.planalto.gov.br/ccivil_03/_Ato2007-2010/2008/Lei/L11719.htm>. Acesso em: 11 set 2019.

_____. *Novo Código Civil exposição de motivos e texto sancionado.* Disponível em: <http://www2.senado.leg.br/bdsf/bitstream/handle/id/70319/743415.pdf?sequence=2>. Acesso em: 24 mai 2019.

_____. Supremo Tribunal Federal. *Corte Suprema do Brasil inicia o julgamento do mensalão.* Disponível em: < http://www2.stf.jus.br/portalStfInternacional/cms/destaquesNewsle

tter.php?sigl a=newsletterPortalInternacionalNoticias&idConteudo=214544> Acesso em: 05 abr 2019.

_____. Supremo Tribunal Federal *Dever de autorreferência.* Disponível em: <http://www.stf.jus.br/portal/jurisprudencia/listarTesauro.asp?txtPesquisaLivre=DEVER%20DE%20AUTORREFER

%C3%8ANCIA>. Acesso em:19 out 2019.

_____. Supremo Tribunal Federal. *Habeas Corpus nº 84.078-7 Minas Gerais.* Disponível em: < http://www.stf.jus.br/arquivo/cms/noticiaNoticiaStf/anexo/ementa84078.pdf>. Acesso em: 24 mai 2019.

_____. Supremo Tribunal Federal. *Habeas Corpus nº 126.296 São Paulo.* Disponível em: <http:

//redir.stf.jus.br/paginadorpub/paginador.jsp?docTP=TP&docID=10964246>. Acesso em 28 mar 2019.

_____. Supremo Tribunal Federal STF – *Habeas Corpus: HC nº 68841 SP.* Disponível em:

<https://stf.jusbrasil.com.br/jurisprudencia/751629/habeas-corpus-hc-68841-sp>.Acesso em: 24

mai 2019.

_____. Supremo Tribunal Federal. *Repercusão geral no Recurso Extraordinário 878.694 Minas Gerais.* Disponível em: <http://redir.stf.jus.br/paginadorpub/paginador.jsp?docTP=TP&docID=1 3579050>. Acesso em: 24 mai 2019.

_____. Supremo Tribunal Federal. *1ª Turma inadmite HC impetrado contra execução provisória da pena.* Disponível em:< http://www.stf.jus.br/portal/cms/verNoticiaDetalhe.asp?idConteudo =35 1821>. Acesso em: 15 out. 2019.

_____. Supremo Tribunal Federal. *2ª Turma mantém decisão que assegurou a condenado em segunda instância o direito de recorrer em liberdade.* Disponível em: <http://www.stf.jus.br/portal/cms/verNoticiaDetalhe.asp?idConteudo=422472&caixaBusca=N>. Acesso em: 15 out. 2019.

_____. Supremo Tribunal Federal. *Recurso Extraordinário 646.721 Rio Grande do Sul.* Disponí- vel em: http://portal.stf.jus.br/processos/downloadPeca.asp?id=306841295&ext=.pdf. Acesso em: 24 mai 2019.

_____. Supremo Tribunal Federal. *Recurso Ordinário em habeas corpus 156.733 Distrito Federal.* Disponível em:< http://www.stf.jus.br/arquivo/cms/noticiaNoticiaStf/anexo/RHC156 733 decisao.pdf>. Acesso em: 04 jun 2019.

_____. Supremo Tribunal Federal. *Relatora encerra audiência pública sobre descriminalização do aborto.* Disponível em: < http://www.stf.jus.br/portal/cms/verNoticiaDetalhe.asp?idConteudo =386005>. Acesso em: 05 abr 2019.

_____. Supremo Tribunal Federal. *STF nega habeas corpus preventivo ao ex-presidente Lula.* Disponível em: <http://www.stf.jus.br/portal/cms/verNoticiaDetalhe.asp?idConteudo=374437>. Acesso em 31 mar 2019.

_____. Supremo Tribunal Federal. *Supremo reconhece união*

homoafetiva. Disponível em: < http:

//www.stf.jus.br/portal/cms/verNoticiaDetalhe.asp?idConteudo =178931>. Acesso em 05 abr 2019.

_____. Supremo Tribunal Federal. *Tipicidade de porte de droga para consumo pessoal.* Disponível em: < http://www.stf.jus.br/portal/jurisprudenciaRepercussao/verAndamentoProcesso.asp?incidente=4034145&numeroProcesso=635659&classeProcesso=RE&numeroTema=506>. Acesso em: 05 abr 2019.

BODIN DE MORAES Maria Celina. *A Família Democrática.* Disponível em: < http://www.ibdfam.org.br/_img/congressos/anais/31.pdf > Acesso em: 07 de out. de 2016.

_____. *Constituição e Direito Civil: Tendências.* Revista dos Tribunais. v. 779/ 2000. p. 47- 63 set. 2000. Doutrinas Essenciais Obrigações e Contratos v. 3 p. 343 - 364. jun. 2011.

CÂMARA, Alexandre Freitas. *O novo processo civil brasileiro.* 3. ed. São Paulo: Atlas, 2017.

_____. *Levando os padrões decisórios a sério.* São Paulo: Atlas. 2018.

_____. *Novo CPC amentou sobremaneira os poderes do juiz.* Disponível em: <https://www. conjur.com.br/2016-jun-23/alexandre-freitas-camara-cpc-ampliou-poderes-juiz>. Acesso em: 31 mar 2019.

_____. *"União Estável" hetero ou homoafetiva*: relação

matrimonial sem casamento. Revista trimestral de direito civil. V.50 (abril/junho 2012) – Rio de Janeiro: Padma, 2000

CARLOS, Fabiano Gonçalves. Separação de poderes: da concepção clássica à noção contempor- rânea. Revista da EMERJ. V. 20 - N. 78 - Janeiro/Abril – 2017. Disponível em: <http://www.emerj.tjrj.jus.br/revistaemerj_online/edicoes/revista78/revista78_286.pdf.>. Acesso em: 16 mai 2019.

CNJ. *Cnj responde à OAB e decide que vigência do novo CPC começa em 18 de março.* Disponível em: <https://www.cnj.jus.br/noticias/cnj/81698-cnj-responde-a-oab-e-decide-que-vigencia-do- novo-cpc-comeca-em-18-de-marco>. Acesso em: 11 set 2109.

_____. *Resolução nº 75 de 12/05/2009.* Disponível em: <http://www.cnj.jus.br/buscaatos-

adm?documento=2763>. Acesso em: 31 jul. 2019.

CONGRESSO EM FOCO. *Bate-boca entre Barroso e Gilmar Mendes vira música e até poema nas redes sociais. Veja principais memes.* Disponível em: < https://congressoemfoco.uol.com.br/ especial/noticias/duelo-entre-barroso-e-gilmar-mendes-vira-musica-e-ate-poema-nas-redes-sociai s-veja-principais-memes/>. Acesso em: 04 abr 2019.

CONJUR. *Cármen Lúcia vota a favor da prisão após condenação em 2ª instância.* Disponível em: < https://www.conjur.com.br/2019-nov-07/carmen-lucia-vota-favor-prisao-instancia>. Acesso em: 02 jan 2020.

_____. *Com voto pela presunção de inocência, Celso é contra prisão em 2ª instância.* Dispo- nível em: < https://www.conjur.com.br/dl/voto-celso-mello2.pdf>. Acesso em: 02 jan 2020.

_____. *Fachin também diverge de Marco Aurélio e vota pela prisão em 2ª instância.* Dispo- nível em: <https://www.conjur.com.br/dl/leia-voto-edson-fachin.pdf>. Acesso em: 02 jan 2020.

_____. *Fux defende, mais uma vez, manutenção da prisão em segunda instância.* Disponível em:

<https://www.conjur.com.br/2019-out-24/fux-defende-novamente-manutencao-prisao-instan cia>. Acesso em: 02 jan 2020

_____. *Leia o voto da ministra Rosa Weber no julgamento do HC de Lula.* Disponível em:

<https://www.conjur.com.br/2018-abr-10/leia-voto-ministra-rosa-weber-julgamento-hc-lula>. Acesso em: 03 abr 2019.

_____. *Leia o voto da ministra Rosa Weber sobre a prisão em segunda instância.* Disponível em:

< https://www.conjur.com.br/2019-out-25/leia-voto-ministra-rosa-weber-prisao-instancia>. Acesso em: 13 nov 2019.

_____. *Leia o voto do ministro Alexandre de Moraes.* Disponível em:< https://www.conjur.com.br/ dl/leia-voto-alexandre-moraes.pdf>. Acesso em: 13 nov 2019.

_____. *Leia o voto do ministro Barroso sobre prisão após segunda instância.* Disponível em: <https://www.conjur.com.br/dl/leia-voto-ministro-barroso-execucao.pdf>. Acesso em: 02 jan 2020.

_____. *Leia o voto do ministro Marco Aurélio.* Disponível em: https://www.conjur.com.br/dl/leia- voto-ministro-marco-aurelio.pdf. Acesso em: 02 jan 2020.

_____. *Leia o voto do ministro Ricardo Lewandowski sobre prisão em 2ª instância.* Disponível em: <https://www.conjur.com.br/dl/lewandowski-entende-prisao-instancia.pdf>. Acesso em: 02 jan 2020.

_____. *Ninguém será considerado culpado até o trânsito em julgado, vota Gilmar Mendes.* Disponível em:<https://www.conjur.com.br/2019-nov-07/gilmar-mendesvota-execucao-anteci pada-pena>. Acesso em: 13 nov 2019.

_____. *Veja o que dez constitucionalistas dizem sobre a execução provisória da pena.* Disponível em: <https://www.conjur.com.br/2018-abr-04/veja-dez-constitucionalistas-dizem-prisao-antecipa da>. Acesso em: 04 jun 2019.

_____. *Voto de Toffoli faz Suprmeo suspender a execução antecipada da pena.* Disponível em:<https://www.conjur.com.br/2019-nov-07/voto-toffoli-derruba-entendimento-prisao-instancia>.

Acesso em: 02 jan 2020.

DWORKIN, Ronald. *Levando os direitos a sério*. Tradução Nelson Boeira. 2 ed. São Paulo: Martins Fontes, 2007.

_____. *O império do direito*. Tradução Jefferson Luiz Camargo. 3. ed. São Paulo: Martins fontes, 2014.

EASTERBROOK, Frank H. *Do liberals and conservatives differ in judicial activism*? University of Colorado Law Review. Disponível em: <https://chicagounbound.uchicago.edu/cgi/viewcontent.cgi?referer=https://www.google.com/&httpsredir=1&article=2135&context=journal_articles>.

Acesso em: 20 fev 2019.

EXAME. *Barroso prevê crise se Supremo revisar prisão após segundo grau*. Disponível em: < https://politica.estadao.com.br/blogs/fausto-macedo/barroso-preve-crise-se-supremo-revisar- prisao-apos-2o-grau/> Acesso em: 03 mai 2019.

FGV. *Financiamento de campanha eleitoral*. Disponível em:< https://direitosp.fgv.br/node/83322.

>. Acesso em: 04 abr 2019.

FOLHA DE S. PAULO. *Toffoli diz que hoje prefere chamar golpe militar de 'movimento de 64'*. Disponível em: < https://www1.folha.uol.com.br/poder/2018/10/toffoli-diz-que-hoje-prefere-cha mar-ditadura-militar-de-movimento-de-1964.shtml>. Acesso em: 03 mai 2019

IDOETA, Paula Adamo. *Como os Supremos Tribunais de EUA e Europa tomam decisões - e lidam com questões espinhosas*. Disponível em:<https://www.bbc.com/portuguese/brasil-

43978165>.

Acesso em: 16 out. 2019.

KMIEC, Keenan D. *The origin and current meanings of "judicial activism"*, 92 Calif. L. Rev. 1441 (2004). Disponível em: <https://scholarship.law.berkeley.edu/cgi/viewcontent.cgi?article=1324&context=californialawreview>. Acesso em: 20 fev 2019.

LOPES JR., Aury. *Direito processual penal.* 15. ed. São Paulo: Saraiva, 2018.

LUHMANN Niklas *O direito da sociedade* [livro eletrônico] tradução Saulo Krieger; tradução das citações em latim Alexandre Agnolon. São Paulo: Martins Fontes, 2016. 2,0 Mb; ePUB.

MENDES, Conrado Hubner. *O STF erra quando acerta.* Disponível em: < https://epoca.globo.com

/conrado-hubner-mendes/o-stf-erra-ate-quando-acerta-22855007>. Acesso em: 03 mai 2019.

_____. *O baile da magistocracia.* Disponível em: <https://epoca.globo.com/conrado-hubner-mendes/o- baile-da-magistocracia-23236917>. Acesso em: 05 jun 2019.

MENDES, Gilmar Ferreira. *Curso de Direito Constitucional.* Gilmar Ferreira Mendes, Paulo Gustavo Gonet Branco. 8. ed. São Paulo: Saraiva, 2013.

MERRILL, Thomas W. *Does public choice theory justify judicial activism after all?* Harvard Journal of Law and Public Policy; Fall 1997; 21, 1; ProQuest Central pg. 219. Disponível em:

<https://academiccommons.columbia.edu/doi/10.7916/D8Z037S2>. Acesso em: 20 fev 2019.

MIGALHAS. *"Sou contra a tv justiça"*, diz senadora Kátia Abreu. Disponível em: < https://www.migalhas.com.br/Quentes/17,MI299854,41046Sou+contra+a+TV+Justica+diz+senadora+Katia+ Abreu>. Acesso em: 04 jun 2019.

NOVO CONGRESSO NACIONAL EM NÚMEROS. Disponível em: <https://static.poder360.com.br/2018/10/Novo-Congresso-Nacional-em-Numeros-2019-2023.pdf>. Acesso em: 04 abr 2019.

POMPEO, Ana. *Supremo mantém julgamento de crimes comuns com a Justiça Eleitoral.* Dispo- nível em: < https://www.conjur.com.br/2019-mar-14/supremo-mantem-julgamento-crimes-comunsjustica-eleitoral>. Acesso em: 04 abr 2019.

SEGALL, Pedro Machado. *Críticas à prisão após 2ª grau devem se basear na lei, não nas conse quências.* Disponível em: <https://www.conjur.com.br/2016-mar-11/pedro-segall-criticas-prisao-grau-basear-lei>. Acesso em: 19 out 2019.

SPITZER, Elianna. *What Is Judicial Activism? Definition and Examples.* Disponível em: <https:// www.thoughtco.com/judicial-activism-definition-examples-4172436>. Acesso em: 20 mar 2019.

STRECK, Lenio Luiz. *A colegialidade, o direito e moral em guerra* e a sinuca de bico do ST. Disponível em:< https://www.conjur.com.br/2018-abr-19/senso-incomum-colegialidade-direito- moral-guerra-sinuca-bico-stf>. Acesso em: 03 abr. 2019.

_____. *Decisão de segundo grau esgota questão de fato? Será que no Butão é assim?* Disponível em: <https://www.conjur.com.br/2018-mar-22/senso-incomum-segundo-grau-esgota-questao-fato -butao-assim>. Acesso em: 19 out 2019.

_____. *Entre o ativismo e a judicialização da política: a difícil concretização do direito fundamental e uma decisão judicial constitucionalmente adequada.* Disponível em: <https://portal periodicos.unoesc.edu.br/espacojuridico/article/view/12206/pdf>. Acesso em: 31 mar 2019.

_____. *E se a opinião pública fosse contra após segunda instância?* Disponível em: <https://ww w.conjur.com.br/2018-mar-08/senso-incomum-opiniao-publica-fosse-prisao-segunda-instancia>. Acesso em: 04 jun 2019.

SUNSTEIN, Cass R. *A in defense of the hard look: judicial activism and administrative law.* Harvard Journal of Law and Public Policy 51 (1984). Disponível em: <https://chicagounbound.uch icago.edu/cgi/viewcontent.cgi?article=12174&context=journal_arti cles>. Acesso em: 20 fev 2109.

TARTUCE, Flávio. *STF encerra o julgamento sobre a inconstitucionalidade do art. 1.790 do Código Civil. E agora?.* Disponível em: <https://flaviotartuce.jusbrasil.com.br/artigos/465526986/ stf-

encerra-o-julgamento-sobre-a-inconstitucionalidade-do-art-1790-do-codigo-civil-e-agora>.

Acesso em: 31 out 2019.

TEPEDINO, Gustavo. *Premissas metodológicas para a constitucionalização do direito civil.* Disponível em: < http://www.tepedino.adv.br/tep_artigos/premissas-metodologicas-para-a-consti tucionalizacao-do-direito-civil/>. Acesso em: 05 abr 2019.

TUSHNET, Mark V. *New forms of judicial review and the persistence of rights- and democracy- based worries.* 38 Wake Forest L. Rev. 813-838 (2003). Disponível em: <https://scholarship.law. georgetown.edu/cgi/viewcontent.cgi?article=1259&context=facpub >. Acesso em: 20 fev 2019.

US LEGAL. *Hard look doctrine Law and legal definition.* Disponível em: <https://definitions.usle gal.com/h/hard-look-doctrine/>. Acesso em: 31 mar 2019.

VIEIRA, Oscar Vilhena e GLEZER, Rubens, organização. *A razão e o voto:* diálogos constitucio- nais com Luís Roberto Barroso. Rio de Janeiro: FGV, 2017.

www.ingramcontent.com/pod-product-compliance
Lightning Source LLC
Chambersburg PA
CBHW052204220526
45471CB00004B/1807